왕초보를 위한

니하오!
생활중국어
100

지은이 HD어학교재연구회

외국어 초보자를 위한 단어&어휘 분야, 회화 입문서 등의 어학교재를 개발하고 기획편집, 저술에
힘쓰고 있다. 저서로는 〈365일 Let's talk 상황중국어 핵심표현〉〈Let's go 굿타임 여행중국어〉
〈30일 매일매일 혼자서 끝내는 일상생활 중국어스피킹〉 등이 있다.

왕초보를 위한

니하오! 생활중국어 100

개정판 1쇄 인쇄 2023년 11월 10일
개정판 1쇄 발행 2023년 11월 20일

지 은 이   HD어학교재연구회
펴 낸 이   천재민

펴 낸 곳   하다북스
출판등록   제2003-000001호
주   소   서울특별시 강북구 삼양로19길 25, 107동 702호
전   화   02-6221-3020
팩   스   02-6221-3040
홈페이지   www.hadabook.com

ⓒ hadabooks, 2023
ISBN 978-89-92018-89-0 13720

왕초보를 위한

니하오!
생활중국어
100

你好
니하오!

Before   After

하다북스

Preface
머리말

당신은
일상생활에서 꼭 필요한 중국어표현을
몇 개나 말할 수 있나요?

간단한 표현도 막상 중국어로 말하려고 하면 왠지 머릿속이 하얘지고 말문이 막히지 않으셨나요?

이 책은 실생활에서 가장 많이 쓰는 100가지 상황을 상정하여 각각의 상황에 맞는 일상의 표현을 골라 담았습니다.

'你好吗(니하오마)', '再见(짜이찌앤)' 정도만 말할 수 있는 사람이라면 혼자서 쉽게 듣고 따라할 수 있는 다양한 예문과 일상에서 바로바로 활용할 수 있는 핵심 표현을 수록하여 왕초보에게 딱 맞는 회화책입니다.

또한, 회화에 유용하게 쓸 수 있는 필수 단어와 표현을 '생생 키워드' 코너에 정리하였고, 각 Chapter의 내용(Chapter 1~Chapter 7)마다 MP3 파일을 따로 구성하여 필요한 부분만 골라서 반복해서 들을 수 있습니다. 이 오디오만 들어도 이 책의 모든 회화 표현을 듣고 말할 수 있도록 한국어 문장과 함께 네이티브가 중국어표현 모두를 반복 녹음하여 학습 효과를 높였습니다. 아울러 중국어표현 아래에 네이티브의 발음을 살린 한글발음을 표기하여 보다 쉽게 중국어 문장을 읽고 연습할 수 있습니다.

Chapter 1 인사예절 중국어 (Greeting Manners Chinese)

반갑게 건네는 인사말과 서로 안부를 묻고 전할 때, 소개할 때, 가족관계와 직업을 물을 때, 아쉽게 작별할 때, 다시 만날 것을 기약할 때, 서로 연락처와 명함을 주고받을 때 등 생활 속 인사예절 표현을 담았습니다.

Chapter 2 감정표현 중국어 (Feeling Expression Chinese)

감사의 마음을 표현하고 축하나 위로를 전하는 말, 놀라거나 당황했을 때, 화가 날 때의 표현 등 우리의 생생한 느낌과 마음을 그대로 표현할 수 있는 다양한 감정 표현을 담았습니다.

Chapter 3 날짜 생활중국어 (Everyday Life Chinese)

날짜와 시간을 알아볼 때, 약속을 정할 때, 성격이나 외모를 말할 때, 전화할 때, 길을 물을 때, 교통편을 이용할 때, 식당을 이용할 때, 쇼핑을 즐길 때 등 우리가 일상생활에서 가장 많이 쓰는 기본 표현을 담았습니다.

Chapter 4 의사소통 중국어 (Communication Chinese)

질문을 주고받고 자기 생각을 말할 때, 협상이나 의견을 조율할 때, 제안이나 부탁할 때, 오해나 말이 잘 통하지 않을 때 등 상대방과의 의사소통을 위한 다양한 표현을 담았습니다.

Chapter 5 생생 상황중국어 (Circumstance Chinese)

손님을 초대하고 접대할 때, 술 한잔 즐길 때, 패스트푸드점, 우체국, 은행, 병원, 약국, 세타소, 미용실 이용할 때, 결혼식, 장례식, 경찰서에서 도움을 청할 때 등 상황별, 장소별로 바로바로 찾아서 즉석에서 활용할 수 있는 표현을 담았습니다.

Chapter 6 해외여행 중국어 (Overseas Travel Chinese)

중국여행을 시작하면서 공항에서 출입국 수속을 할 때, 호텔을 이용할 때, 관광지에서 부딪치는 문제, 귀국할 때 등 중국여행에 필요한 다양한 상황별 표현을 담았습니다.

Chapter 7 레저&엔터테인먼트 중국어 (Leisure&Entertainment Chinese)

주말에 TV를 보거나 영화나 공연을 관람할 때, 음악과 미술작품을 감상할 때, 스포츠나 레저를 즐길 때 등 여가생활에서 유용하게 쓸 수 있는 표현을 담았습니다.

Contents
차 례

Chapter 1

첫인상을 아름답게!
인사예절 중국어

Chapter 2

생생한 느낌과 마음을 그대로!
감정표현 중국어

Contents
차례

Chapter 3

가장 많이 쓰는 기본표현!
알짜 생활중국어

Contents
차례

Chapter 4

왕초보도 술술!
의사소통 중국어

Contents
차례

Chapter 5
바로바로 골라 쓴다!
생생 상황중국어

차례

한 번에 통하는 GO!
해외여행 중국어

차례

신나게 즐기자!
레저&엔터테인먼트 중국어

》 중국의 한자 《

1. 중국의 표준어-보통화

중국은 국토의 넓이만큼이나 다양한 언어가 존재한다.

크게는 광둥어와 베이징어로 나뉘는데, 현재 학교나 매스컴에서 사용하는 표준 중국어를 중국에서는 흔히 보통화(普通话[pǔ tōng huà])라고 한다. 중국은 전체 인구의 94%를 차지하고 있는 한족(汉族)과 그 나머지를 차지하는 55개 소수민족으로 구성된 다민족 국가이다. 흔히 '중국어'라고 하면 한족의 언어뿐만 아니라, 소수민족의 언어까지도 포함하는 말이 되므로, 중국에서는 한족의 언어를 '한어(汉语)'라고 부르고 표준어의 개념으로 흔히 사용한다.

우리가 습관적으로 '중국어'라고 할 때 바로 이 '한어'를 의미한다. 그런데 그 한어에도 수많은 방언이 있어서 중국 정부는 표준어 보급을 위해 하나의 표준적인 공통어를 정했는데, 바로 '북경어[베이징어]'의 발음을 표준어로 정하고 북방어를 기초 어휘로 하여 제정된 '보통화'이다.

2. 중국 한자의 탄생

세계의 주요문자들은 최초에 모두 '뜻글자'인 그림문자로 만들어졌다가 '소리글자'로 자리 잡아서 읽고 쓰기 쉬운 문자가 되었다. 그래서 영어나 우리 한글은 '소리글자[표음문자]'이기 때문에 말하는 대로 받아 적기만 하면 된다.

하지만 중국 한자는 사물의 형태를 하나씩 그려나가는 것에서 시작하여 조금씩 형태를 복잡하게 만들어서 현재 약 50,000자 정도의 글자를 가지게 되었다. 또 글자마다 발음을 달리하는 '뜻글자[표의문자]'로 되어 있어서 글자를 각각 익혀야 한다. 그렇다면 중국 한자는 실제로 어떤 원리와 규칙으로 만들어졌는지 몇 가지 알아보자.

1) 상형(象形) : 한자 구성의 가장 기본이 되는 원리로 사물의 모양을 그대로 본떠서 만든 한자를 말한다.

| 日 [rì] 르 | 旦 [dàn] 딴 | 山 [shān] 싼 |

2) 지사(指事) : 글자로 모양을 그려 나타낼 수 없는 경우에 점이나 선, 부호를 써서 뜻을 상징적으로 표기한 한자를 말한다.

| 上 [shàng] 쌍 | 下 [xià] 씨아 | 大 [dà] 따 |

3) 회의(会意) : 이미 만들어진 두 개 이상 한자의 뜻을 서로 결합해서 새로운 한자를 만든 것을 말한다.

| 多 [duō] 뚜오 | 明 [míng] 밍 | 好 [hǎo] 하오 |

4) 형성(形声) : 뜻을 나타내는 부분과 음을 나타내는 부분을 결합하여 만든 한자를 말한다.

| 星 [xīng] 씽 | 昊 [hào] 하오 | 江 [jiāng] 찌앙 |

3. 중국어와 한자 쓰기

중국어는 한자(汉字)로 표기한다. 한자는 '一, 二, 三'자처럼 획을 한두 번 그어서 쓰는 것에서부터 '龍'자 네 번을 합쳐 만든 글자도 있듯이 글자 형태도 복잡하고 각 글자마다 다른 발음을 갖고 있다.

중국 사람들에게도 한자는 배우고 익히기에 만만치 않은 글자인데, 그래서 중국어를 배울 때 가장 어려운 것 중 하나가 그 많은 한자를 어떻게 외울까 하는 것이다. 하지만 현대 중국어에서 일상적으로 자주 사용되는 글자인 상용한자(常用汉字)의 수효는 3,000자 이내로 대폭 줄어든다. 중국에서는 사용 빈도에 따라 상용자 2,500자와 차상용자 1,000자로 구분하여 모두 3,500자가 현대 중국어의 절대 다수를 차지한다고 해도 과언이 아니다.

실제로 중국 사람들이 일상생활에서 많이 사용하는 한자는 기본 1,000자 정도이고, 여기에 2,500자를 추가하여 모두 3,500자 정도면 실생활에서 중국어를 쓰는데 아무 문제가 없다.

4. 번체자와 간체자

한자를 많이 알고 있다고 생각하는 사람들도 막상 중국에 가보면 간판이나 주변에 보이는 한자 가운데 모르는 한자가 너무 많다는 것을 알 수 있다. 우리가 알고 있고 흔히 쓰는 한자를 번체자(繁体字)라 하고, 이것을 단순화시켜 간략하게 줄여 만든 한자를 약자(略字)라는 의미로 간체자(简体字)라고 하는데, 현재 중국에서는 번체자를 쓰지 않고 이 간체자를 쓰고 있다. 그러면 간체자를 만드는 원리를 몇 가지 살펴보자.

1) 오래전부터 써왔던 전통적인 약자의 형식을 그대로 쓰는 글자
2) 원래의 글자에서 획수만 줄이고 전체적인 모양을 그대로 살린 글자
3) 복잡한 원래의 글자에서 획수를 줄여 전체 모양을 살리고 발음도 일러주는 글자
4) 복잡한 원래의 글자에서 일부분만 따와서 만든 글자
5) 복잡한 글자 형태를 간략하게 만들어 원래 글자와 전혀 다르게 만든 글자

》 중국어의 발음 《

1. 한어병음자모

중국에서는 뜻글자인 한자의 발음을 로마자로 표기하여 쉽고 정확하게
발음을 익힐 수 있도록 하였다. 왜냐하면 로마자의 발음은 초급수준의 영
어를 배운 정도라면 어느 정도 알 수 있는 것이므로, 굳이 새롭게 발음부
호를 만들 필요가 없다고 판단한 것이다. 여기서 중국 사람들의 실용적인
사고방식을 엿볼 수 있다.

중국어 발음부호라고 할 수 있는 '한어병음(汉语拼音)'은 한어병음방안
(汉语拼音方案)에 따라 표음부호로 공식 제정되어 표준말의 보급에 절
대적인 공헌을 하고 있다.

2. 중국어 발음

중국어의 한자는 뜻글자이기 때문에 한 글자마다 로마자로 만든 한어병
음자모에 따라 발음을 표기해야 한다. 한어병음자모는 21개의 성모(声
母)와 16개의 일반 운모(韵母), 그리고 결합운모로 이루어져 있다.

1) 성모(声母) : 표음문자의 자음과 같은 것으로, 발음 부위와 방법에
따라 '쌍순음(双唇音 : b, p, m), 순치음(唇齿音 : f), 설첨음(舌尖音 : d,
t, n, l), 설근음(舌根音 : g, k, h), 설면음(舌面音 : j, q, x), 권설음(卷舌
音 : zh, ch, sh, r), 설치음(舌齿音 : z, c, s)'으로 분류할 수 있다. 21개
의 성모 중에서 'zh, ch, sh, r, z, c, s'를 제외하고는 단음으로, 독립적으
로 음을 나타낼 수 없으며 반드시 모음 앞에서 첫소리만 낸다. 'zh, ch,
sh, r, z, c, s'가 독립적으로 음을 표기할 때는 반드시 'i'를 붙여야 한다.

2) 운모(韵母) : 표음문자의 모음과 같은 것으로, 우리말의 중성과 종

성에 해당하며, 모두 16개의 일반운모와 결합운모로 이루어져 있다. 단운모 'i, u, ü' 및 이들과 결합하여 이루어지는 결합운모는 앞에 성모가 없이 단독 음절로 쓰일 때는 'i→yi, u→wu, ü→yu'로 표기한다. 앞에 성모가 없고 'i, u, ü' 뒤에 다른 운모와 결합하여 쓰일 때는 'ie→ye, uo→wo, üe→yue'로 표기한다.

중국어 발음 부호

성 모			
쌍순음	bo(뽀, 보)	po(포)	mo(모)	
순치음	fo(°포)			
설첨음	de(떠, 더)	te(터)	ne(너)	le(러)
설근음	ge(꺼, 거)	ke(커)	he(허)	
설면음	ji(찌, 지)	qi(치)	xi(씨, 시)	
권설음	zhi(°쯔, °즈)	chi(°츠)	shi(°쓰, °스)	ri(°르)
설치음	zi(쯔, 즈)	ci(츠)	si(쓰, 스)	

일반 운모
i(이, 으), u(우), ü(위), a(아), o(오), e(어), e(에)
ai(아이), ei(에이), ao(아오), ou(오우)
an(안), en(언), ang(앙), eng(엉)
er(얼)

결합 운모	
i와 결합된 것	ia(이아), ie(이에), iao(이아오), iu(이우), ian(이앤), in(인), iang(이앙), ing(잉), iong(이옹)
u와 결합된 것	ua(우아), uo(우오), uai(우아이), ui(우이), uan(완), un(운), uang(왕)
ü와 결합된 것	üe(위에), üan(위앤), ün(윈)

》 중국어의 성조 《

1. 중국의 4성

성조는 '소리의 가락'이라는 의미이다. 중국어는 다른 언어와는 다르게 특별한 높낮이를 가지는데, 그 발음이 얼마나 높고 낮으며, 길고 짧은지를 성조로 표시해 준다. 즉 같은 발음이지만 성조를 다르게 붙여서 다른 뜻을 표현하는 기능을 한다. 성조는 네 가지로 구분해서 소리를 내는데 이것을 '4성(四声)'이라고 부른다. 성조를 표시할 때는 그림과 같이 높낮이를 구분한다.

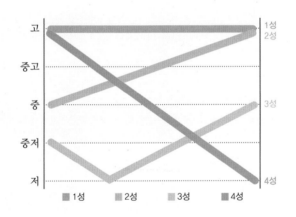

1성 높고 평평한 톤으로 길게 발음하고 '一' 로 표시한다. 처음부터 끝까지 같은 음높이로, 높고 평평한 소리로 길게 발음한다.

2성 중간 정도의 음에서 단번에 가장 높은 음으로 끌어올리며 발음하고 '／'로 표시한다.

3성 중간보다 조금 낮은 음에서 시작하여 아주 낮은 저음으로 내렸다가 다시 중간음보다 조금 높게 올려 길게 발음하고 'ˇ'로 표시한다.

4성 가장 높은 음에서 가장 낮은 음까지 갑자기 음을 떨어뜨려 짧고 세게 발음하고 'ˋ'로 표시한다.

2. 성조 부호 표시법

성조 부호는 주요 모음 'a, e, o, i, u' 위에 붙인다. 모음이 두 개 이상일 경우 두 모음 중 입모양이 더 벌려지는 순서로 표시한다. 성조가 붙는 우선 순위를 살펴보자.

1) 모음 중에서 'a'가 가장 우선이다.
2) 'a'가 없다면, 'e'나 'o'에 표시한다.
3) '-iu' 또는 '-ui'에는 뒤에 있는 모음에 표시한다.

3. 성조의 변화

1) 3성의 성조 변화(반3성) : 3성 뒤에 1성, 2성, 4성과 경성이 올 때 앞의 3성은 반3성으로 발음한다. 또, 3성 뒤에 3성이 올 때 앞의 3성은 2성으로 발음한다. 성조 표시는 그대로 한다.

2) 경성(輕声) : 두 음절 이상의 단어 중에서 마지막 음절이 종종 본래의 성조가 아니라 짧고 약하게 발음되는 경우가 있는데 이것을 경성

이라고 한다. 경성은 앞 음절의 성조에 따라 높낮이가 달라지며, 일반적으로 성조 표시를 하지 않는다.

3) 얼화(儿化) : 'r' 발음이 다른 음절 뒤에 접미사로 쓰여서 그 단어의 발음을 변화시키는 것을 '얼화'라고 한다.

4) bù(不)의 성조 변화 : bù 뒤에 4성이 올 때 bù를 2성으로 발음한다. (예 : bú jiàn)

5) yī(一)의 성조 변화
• 단독으로 쓰일 때와 순서를 나타내는 뜻으로 쓰일 때는 yī를 1성으로 발음한다.

一 [yī]	第一次 [dì yī cì]

• yī 뒤에 4성이 올 때 yī를 2성으로 발음한다.

一切 [yí qiè]	一面 [yí miàn]

• yī 뒤에 1성, 2성, 3성이 올 때 yī를 4성으로 발음한다.

一生 [yì shēng]	一直 [yì zhí]	一点儿 [yì diǎnr]

≫ 중국어의 핵심 문법 ≪

1. 중국어의 문장 구조

1) 동사술어문 : • 주어 + 동사   • 주어 + 동사 + 목적어

　　　　　　　 • 주어 + 동사 + 간접목적어 + 직접목적어

2) 형용사술어문 : 주어 + 형용사

3) 명사술어문 : 주어 + 명사

4) 시자문(是字文) : 주어 + 是 + 목적어

5) 유자문(有字文) : 주어 + 有 + 목적어

6) 부정문 : • 주어 + 不/没 + 동사술어 + 목적어

　　　　　 • 주어 + 不 + 형용사술어 • 주어 + 不是 + 명사술어

　　　　　 • 주어 + 不是 + 목적어   • 주어 + 没有 + 목적어

7) 의문문 : 모든 긍정문의 끝에 '吗'를 붙인다.

　　　　　　 • 동사 + 不 + 동사   • 형용사 + 不 + 형용사

2. 의문사

중국어에서 의문사는 영어와 달리 문장에서 자리 변화를 하지 않고, 본래 문장 성분의 위치에 그대로 쓰인다. '怎么'는 수단과 방법의 의미인 '어떻게 해서'와 이유나 원인의 의미인 '왜'라는 뜻을 함께 갖고 있다.

- 누가 谁 [shuí] 수이 　　　　　　　• 무엇 什么 [shén me] 션 머
- 언제 什么时候 [shén me shí hou] 션 머 스 흐우
- 어디 哪儿 [nár] 나알 / 哪里 [nǎ li] 나아 리
- 어떻게 해서, 왜 怎么 [zěn me] 전 머
- 왜 为什么 [wèi shén me] 웨이 션 머
- 얼마 多少 [duō shao] 뚜오 사오 / 几 [jǐ] 지

3. 지시대명사

중국어에는 이미 일컬어졌던 것을 가리키는 말인 '그것'이라는 지시대명사가 없다. 말하는 사람의 가까이에 있는 것은 '这 [zhè 쪄]'라고 하고, 멀리에 있는 것은 '那 [nà 나]'라고 한다. 주어로는 '这'와 '这个', '那'와 '那个', '哪'와 '哪个'가 모두 쓰일 수 있다. 하지만 목적어로는 '这个, 那个, 哪个'만 쓰인다.

- 이것　这 [zhè] 쪄 / 这个 [zhè ge] 쪄 거
- 저것　那 [nà] 나 / 那个 [nà ge] 나 거
- 어느 것　哪 [nǎ] 나아 / 哪个 [nǎ ge] 나아 거

- 이곳　这儿 [zhèr] 쪌 / 这里 [zhè li] 쪄 리
- 저곳　那儿 [nàr] 날 / 那里 [nà li] 나 리
- 어느 곳　哪儿 [nǎr] 나알 / 哪里 [nǎ li] 나아 리

---

4. 인칭대명사

중국어의 인칭대명사에는 주격, 소유격, 목적격의 변화나 '은, 는, 이, 가'의 주격 조사는 물론 '을, 를'의 목적격 조사가 없다. 또 주어의 성별, 단수 혹은 복수의 형태에 따라서 동사나 형용사 술어가 활용하지 않는다.

또한 주어가 단수일 경우 목적어에 영어의 관사 'a'와 같은 것을 표시하여 주어와 목적어를 호응시킨다든지, 복수일 경우에 목적어에 영어의 's'와 같은 것을 붙여서 복수형을 따로 만들지 않는다.

- 나 我 [wǒ] 워　　　• 너 你 [nǐ] 니　　　• 당신 您 [nín] 닌
- 그 他 [tā] 타　　　• 그녀 她 [tā] 타

- 우리들 我们 [wǒ men] 워 먼　　　• 너희들 你们 [nǐ men] 니 먼
- 그들 他们 [tā men] 타 먼　　　• 그녀들 她们 [tā men] 타 먼

5. 소유격의 표현

소유격이란 '나의, 너의'와 같이 다음에 오는 명사를 수식하는 용법을 말하며, 소유격 조사로 '的 [de 더]'가 쓰인다. '단수대명사[복수대명사/명사] + 的'처럼 쓰면 되고, 명사나 대명사가 다음에 오는 명사를 수식하는 역할을 하려면, '명사[대명사] + 的 + 명사'의 형식을 쓰면 된다. 단, 중국인(中国人), 우리학교(我们学校)처럼 가족관계나 소속집단을 수식하는 경우에는 대체로 '的'를 붙이지 않는다.

- 나의 我的 [wǒ de] 워 더　　　• 우리들의 我们的 [wǒ men de] 워 먼 더
- 너의 你的 [nǐ de] 니 더　　　• 너희들의 你们的 [nǐ men de] 니 먼 더

- 그의 他的 [tā de] 타 더　　　• 그들의 他们的 [tā men de] 타 먼 더
- 그녀의 她的 [tā de] 타 더　　　• 그녀들의 她们的 [tā men de] 타 먼 더

- 엄마의 妈妈的 [mā ma de] 마 마 더
- 친구의 朋友的 [péng you de] 펑 요우 더
- 학생의 책 学生的书 [xué sheng de shū] 쉬에 성 더 쑤

》중국어의 숫자 《

기수 세는 법

1 一	[yī] 이	30 三十	[sān shí] 싼 스		
2 二	[èr] 얼	40 四十	[sì shí] 쓰 스		
3 三	[sān] 싼	50 五十	[wǔ shí] 우 스		
4 四	[sì] 쓰	60 六十	[liù shí] 리우 스		
5 五	[wǔ] 우	70 七十	[qī shí] 치 스		
6 六	[liù] 리우	80 八十	[bā shí] 빠 스		
7 七	[qī] 치	90 九十	[jiǔ shí] 지우 스		
8 八	[bā] 빠	100 一百	[yī bǎi] 이 바이		
9 九	[jiǔ] 지우	101 一百零一	[yī bǎi líng yī] 이 바이 링 이		
10 十	[shí] 스	102 一百零二	[yī bǎi líng èr] 이 바이 링 얼		
11 十一	[shí yī] 스 이	110 一百一	[yī bǎi yī] 이 바이 이		
12 十二	[shí èr] 스 얼	120 一百二	[yī bǎi èr] 이 바이 얼		
13 十三	[shí sān] 스 싼	130 一百三	[yī bǎi sān] 이 바이 싼		
14 十四	[shí sì] 스 쓰	200 二百	[èr bǎi] 얼 바이		
15 十五	[shí wǔ] 스 우	300 三百	[sān bǎi] 싼 바이		
16 十六	[shí liù] 스 리우	1,000 一千	[yī qiān] 이 치앤		
17 十七	[shí qī] 스 치	1,001 一千零一	[yī qiān líng yī] 이 치앤 링 이		
18 十八	[shí bā] 스 빠	1,010 一千一十	[yī qiān yī shí] 이 치앤 이 스		
19 十九	[shí jiǔ] 스 지우	10,000 一万	[yī wàn] 이 완		
20 二十	[èr shí] 얼 스	100,000 十万	[shí wàn] 스 완		
21 二十一	[èr shí yī] 얼 스 이	1,000,000 一百万	[yī bǎi wàn] 이 바이 완		
22 二十二	[èr shí èr] 얼 스 얼				

서수 세는 법

첫째 第一	[dì yī] 띠 이	여섯째 第六	[dì liù] 띠 리우
둘째 第二	[dì èr] 띠 얼	일곱째 第七	[dì qī] 띠 치
셋째 第三	[dì sān] 띠 싼	여덟째 第八	[dì bā] 띠 빠
넷째 第四	[dì sì] 띠 쓰	아홉째 第九	[dì jiǔ] 띠 지우
다섯째 第五	[dì wǔ] 띠 우	열 번째 第十	[dì shí] 띠 스

Greeting Manners Chinese

누구를 만나든 웃는 얼굴로 반갑게 인사를 건네는 사람을 보면 첫인 상이 좋은 것은 물론 예의바른 사람이구나 하는 마음에 더 호감이 갑니다. 간단한 인사말과 예의를 갖추는 모습들이 두고두고 좋은 이미지를 만든다는 것을 잊지 마세요. 이 장에서는 반갑게 건 네는 인사말과 서로 안부를 묻고 전할 때, 소개할 때, 가 족관계와 직업을 물을 때, 아쉽게 작별할 때, 다시 만날 것을 기약할 때 등 생활 속 인사예 절 표현들을 담았습니다.

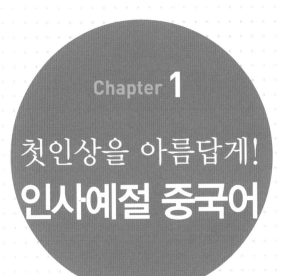

Chapter 1

첫인상을 아름답게!
인사예절 중국어

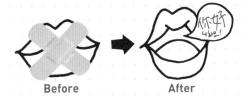

Before → After

표현문형

잘 지내세요? 你过得好吗？
　　　　　Nǐ guò de hǎo ma

잘 지내요, 당신은요? 我过得好，你呢？
　　　　　　　　　Wǒ guò de hǎo nǐ ne

- (친한 사람에게) 안녕!

  你好！
  Nǐ hǎo
  니 하오

- (사랑하는 애인에게) 안녕!

  你好，亲爱的！
  Nǐ hǎo qīn ài de
  니 하오, 친 아이 더

- (오전) 안녕하세요.

  早上好。
  Zǎo shang hǎo
  자오 상 하오

- (오후) 안녕하세요.

  下午好。
  Xià wǔ hǎo
  씨아 우 하오

- (저녁) 안녕하세요.

  晚上好。
  Wǎn shang hǎo
  완 상 하오

- 안녕히 주무세요.

  晚安。
  Wǎn ān
  완 안

■ 잘 지내세요?
　　你过得好吗？
　　Nǐ guò de hǎo ma
　　니 꿔 더 하오 마

■ 잘 지내요, 당신은요?
　　我过得好, 你呢？
　　Wǒ guò de hǎo nǐ ne
　　워 꿔 더 하오, 니 너

■ 별일 없으시죠?
　　一切 都 好 吧？
　　Yí qiè dōu hǎo ba
　　이 치에 또우 하오 바

■ 오늘 하루 어땠어요?
　　你 今 天 一 天 过 得 怎 么 样？
　　Nǐ jīn tiān yì tiān guò de zěn me yàng
　　니 찐 티앤 이 티앤 꿔 더 전 머 양

생생 키워드　첫인상이 좋아지는 방법은 웃는 얼굴로 인사를 건네는 거죠. 간단한 인사말을 알아두는 건 필수!

어떻게 지내세요?　你好吗？[Nǐ hǎo ma] 니 하오 마
처음 뵙겠습니다.　初次见面。[Chū cì jiàn miàn] 추 츠 찌앤 미앤
잘 부탁드립니다.　请多指教。[Qǐng duō zhǐ jiào] 칭 뚜오 즈 찌아오
오래 기다리셨습니다.　让你久等了。[Ràng nǐ jiǔ děng le] 랑 니 지우 덩 러
실례합니다.　不好意思。[Bù hǎo yì si] 뿌 하오 이 스
안녕히 가세요.　请走好。[Qǐng zǒu hǎo] 칭 조우 하오
안녕히 계세요.　再见。[Zài jiàn] 짜이 찌앤

오랜만에 만났을 때

정말 오랜만입니다! 很久没见啦!
Hěn jiǔ méi jiàn la

그동안 어떻게 지냈어요? 你是怎么过的?
Nǐ shì zěn me guò de

■ 정말 오래간만이에요!
好久不见啦!
Hǎo jiǔ bú jiàn la
하오 지우 부 찌앤 라

■ 정말 오랜만입니다!
很久没见啦!
Hěn jiǔ méi jiàn la
헌 지우 메이 찌앤 라

■ 이게 얼마만이에요?
我们这是有多久没见啦?
Wǒ men zhè shì yǒu duō jiǔ méi jiàn la
워 먼 쩌 쓰 요우 뚜오 지우 메이 찌앤 라

■ 어떻게 지내세요?
你过得怎么样?
Nǐ guò de zěn me yàng
니 꿔 더 전 머 양

■ 그동안 어떻게 지냈어요?
你是怎么过的?
Nǐ shì zěn me guò de
니 쓰 전 머 꿔 더

■ 야! 얼굴 잊어버리겠다.
哎呀!都要把你给忘了。
Āi ya　Dōu yào bǎ nǐ gěi wàng le
아이 야! 또우 야오 바 니 게이 왕 러

■ 요즘 통 못 만났네요.

这 几 天 我 们 一 直 都 没 有 见 面 呢 。
Zhè jǐ tiān wǒ men yì zhí dōu méi yǒu jiàn miàn ne
쩌 지 티앤 워 먼 이 즈 또우 메이 요우 찌앤 미앤 너

■ 정말 오랜만이에요.

真 的 很 久 不 见 了 。
Zhēn de hěn jiǔ bú jiàn le
쩐 더 헌 지우 부 찌앤 러

■ 다시 만나니 정말 반가워요.

很 高 兴 再 次 见 到 你 。
Hěn gāo xìng zài cì jiàn dào nǐ
헌 까오 씽 짜이 츠 찌앤 따오 니

■ 정말 만나서 반가워!

见 到 你 真 的 好 开 心 !
Jiàn dào nǐ zhēn de hǎo kāi xīn
찌앤 따오 니 쩐 더 하오 카이 씬

■ 당신 진짜 많이 변했군요.

你 真 的 变 了 很 多 。
Nǐ zhēn de biàn le hěn duō
니 쩐 더 삐앤 러 헌 뚜오

■ 당신은 하나도 변하지 않았어요.

你 一 点 都 没 变 。
Nǐ yì diǎn dōu méi biàn
니 이 디앤 또우 메이 삐앤

■ 소식이 정말 궁금했어요.

我 一 直 以 来 很 想 知 道 你 的 消 息 。
Wǒ yì zhí yǐ lái hěn xiǎng zhī dào nǐ de xiāo xi
워 이 즈 이 라이 헌 시앙 쯔 따오 니 더 씨아오 시

표현문형

가족들은 다 안녕하시죠? **你家人都好吗？**
Nǐ jiā rén dōu hǎo ma

가족들은 모두 건강하게 지내요. **我家人都很好。**
Wǒ jiā rén dōu hěn hǎo

■ 요즘 별 일 없으시죠?
近来你过得好吗？
Jìn lái nǐ guò de hǎo ma
찐 라이 니 꿔 더 하오 마

■ 사업은 잘되세요?
你事业顺利吗？
Nǐ shì yè shùn lì ma
니 쓰 이에 쑨 리 마

■ 가족들은 다 안녕하시죠?
你家人都好吗？
Nǐ jiā rén dōu hǎo ma
니 찌아 런 또우 하오 마

■ 당신 좋아 보여요.
你看起来气色很好。
Nǐ kàn qǐ lái qì sè hěn hǎo
니 칸 치 라이 치 써 헌 하오

■ 주말 잘 지냈어요?
你周末过得好吗？
Nǐ zhōu mò guò de hǎo ma
니 쪼우 모 꿔 더 하오 마

■ 휴가는 어떻게 보냈어요?
假期你是怎么过的？
Jià qī nǐ shì zěn me guò de
찌아 치 니 쓰 전 머 꿔 더

■ 저는 잘 지냈어요.
我过得还好。
Wǒ guò de hái hǎo
워 꿔 더 하이 하오

■ 덕분에 잘 지내요.
托你的福, 我过得很好。
Tuō nǐ de fú wǒ guò de hěn hǎo
투오 니 더 푸, 워 꿔 더 헌 하오

■ 늘 똑같죠 뭐.
老样子啦。
Lǎo yàng zi la
라오 양 즈 라

■ 모든 일이 다 잘 되고 있어요.
一切都很好。
Yí qiè dōu hěn hǎo
이 치에 또우 헌 하오

■ 항상 바쁘네요.
一直都很忙。
Yì zhí dōu hěn máng
이 즈 또우 헌 망

■ 가족들은 모두 건강하게 지내요.
我家人都很好。
Wǒ jiā rén dōu hěn hǎo
워 찌아 런 또우 헌 하오

■ 부모님께 안부 전해주세요.
请代我向你的父母亲问好。
Qǐng dài wǒ xiàng nǐ de fù mǔ qīn wèn hǎo
칭 따이 워 씨앙 니 더 푸 무 친 원 하오

표현문형

와! 아니 이게 누구야? 哇！这是谁呀？
Wā Zhè shì shéi ya

세상 정말 좁다! 这个世界真的很小！
Zhè ge shì jiè zhēn de hěn xiǎo

■ 여기서 당신을 만날 줄이야!
真没想到会在这里见到你！
Zhēn méi xiǎng dào huì zài zhè lǐ jiàn dào nǐ
쩐 메이 시앙 따오 후이 짜이 쩌 리 찌앤 따오 니

■ 와! 아니 이게 누구야?
哇！这是谁呀？
Wā Zhè shì shéi ya
와! 쩌 쓰 쉐이 야

■ 세상이 정말 좁군요!
这个世界真的很小！
Zhè ge shì jiè zhēn de hěn xiǎo
쩌 거 쓰 찌에 쩐 더 헌 시아오

■ 시청엔 웬일이세요?
你来市政府大厅有什么要事吗？
Nǐ lái shì zhèng fǔ dà tīng yǒu shén me yào shì ma
니 라이 쓰 쩡 푸 따 팅 요우 선 머 야오 쓰 마

■ 뭐가 그렇게 바빴어요?
你一直在忙什么呢？
Nǐ yì zhí zài máng shén me ne
니 이 즈 짜이 망 선 머 너

■ 지금 회사에 있을 시간 아니에요?
现在不是上班时间吗？
Xiàn zài bú shì shàng bān shí jiān ma
씨앤 짜이 부 쓰 쌍 빤 스 찌앤 마

■ 그렇지 않아도 당신을 만나고 싶었어요.
　　我 正 想 要 跟 你 见 面 呢 。
　　Wǒ zhèng xiǎng yào gēn nǐ jiàn miàn ne
　　워 쩡 시앙 야오 껀 니 찌앤 미앤 너

■ 우리 전에 만난 적 있지 않나요?
　　我 们 是 不 是 见 过 面 啊 ?
　　Wǒ men shì bú shì jiàn guò miàn a
　　워 먼 쓰 부 쓰 찌앤 꿔 미앤 아

■ 실례지만, 제가 아는 분 같은데요.
　　不 好 意 思 , 我 好 像 认 识 你 。
　　Bù hǎo yì si wǒ hǎo xiàng rèn shi nǐ
　　뿌 하오 이 스, 워 하오 씨앙 런 스 니

■ 혹시 왕핑 씨 아닌가요?
　　请 问 , 您 是 不 是 王 平 先 生 ?
　　Qǐng wèn nín shì bú shì Wáng píng xiān sheng
　　칭 원, 닌 쓰 부 쓰 왕 핑 씨앤 성

■ 실례지만, 저를 기억하세요?
　　请 问 , 您 记 得 我 吗 ?
　　Qǐng wèn nín jì de wǒ ma
　　칭 원, 닌 찌 더 워 마

■ 죄송해요, 잘 생각나지 않는군요.
　　不 好 意 思 , 我 不 记 得 了 。
　　Bù hǎo yì si wǒ bú jì dé le
　　뿌 하오 이 스, 워 부 찌 더 러

■ 마안합니다, 제가 잘못 봤어요.
　　不 好 意 思 , 我 看 错 人 了 。
　　Bù hǎo yì si wǒ kàn cuò rén le
　　뿌 하오 이 스, 워 칸 춰 런 러

05 소개할 때

저는 이수진이라고 해요. 我是李秀真。
Wǒ shì Lǐ xiù zhēn

만나서 반갑습니다. 认识你很高兴。
Rèn shi nǐ hěn gāo xìng

■ 당신을 모두에게 소개할게요.
我要把你介绍给大家。
Wǒ yào bǎ nǐ jiè shào gěi dà jiā
워 야오 바 니 찌에 싸오 게이 따 찌아

■ 저와 함께 일하는 동료 마이크입니다.
这位是我的同事, 麦克先生。
Zhè wèi shì wǒ de tóng shì Mài kè xiān sheng
쩌 웨이 쓰 워 더 통 쓰, 마이 커 씨앤 성

■ 이 분은 영업부의 천재민 씨입니다.
这位是销售部的千宰旻先生。
Zhè wèi shì xiāo shòu bù de Qiān zǎi mín xiān sheng
쩌 웨이 쓰 씨아오 쏘우 뿌 더 치앤 자이 민 씨앤 성

■ 제 친구 왕핑을 소개하겠습니다.
我给你认识一下我的朋友王平。
Wǒ gěi nǐ rèn shi yí xià wǒ de péng you Wáng píng
워 게이 니 런 스 이 씨아 워 더 펑 요우 왕 핑

■ 이분은 저의 어머님이세요. 그녀는 주부입니다.
这位是我的母亲。 她是家庭主妇。
Zhè wèi shì wǒ de mǔ qīn   Tā shì jiā tíng zhǔ fù
쩌 웨이 쓰 워 더 무 친. 타 쓰 찌아 팅 주 푸

■ 존슨 씨, 제 아내입니다.
约翰逊先生, 这是我太太。
Yuē hàn xùn xiān sheng   zhè shì wǒ tài tai
위에 한 쒼 씨앤 성, 쩌 쓰 워 타이 타이

■ 이쪽은 내 남동생이고, 기술자입니다.
这 是 我 的 弟 弟, 他 是 工 程 师 。
Zhè shì wǒ de dì di tā shì gōng chéng shī
쩌 쓰 워 더 띠 디, 타 쓰 꽁 청 쓰

■ 제 소개를 하겠습니다.
我 来 做 一 下 自 我 介 绍 吧 。
Wǒ lái zuò yí xià zì wǒ jiè shào ba
워 라이 쮀 이 씨아 쯔 워 찌에 싸오 바

■ 안녕하세요, 저는 이수진이라고 합니다.
大 家 好, 我 是 李 秀 真 。
Dà jiā hǎo wǒ shì Lǐ xiù zhēn
따 찌아 하오, 워 쓰 리 씨우 쩐

■ 만나서 반갑습니다.
认 识 你 很 高 兴 。
Rèn shi nǐ hěn gāo xìng
런 스 니 헌 까오 씽

■ 꼭 한번 만나 뵙고 싶었습니다.
我 真 的 一 直 想 要 见 你 一 面 呢 。
Wǒ zhēn de yì zhí xiǎng yào jiàn nǐ yí miàn ne
워 쩐 더 이 즈 시앙 야오 찌앤 니 이 미앤 너

■ 말씀 많이 들었습니다.
久 仰 您 的 大 名 。
Jiǔ yǎng nín de dà míng
지우 양 닌 더 따 밍

■ 실례지만, 성함이 어떻게 되시나요?
请 问, 您 叫 什 么 名 字 ?
Qǐng wèn nín jiào shén me míng zi
칭 원, 닌 찌아오 선 머 밍 즈

표현문형

자녀는 어떻게 되세요? 你有几个孩子啊？
Nǐ yǒu jǐ gè hái zi a

딸이 하나 있어요. 我只有一个女儿。
Wǒ zhǐ yǒu yí ge nǚ ér

■ 형제가 있나요?
你有兄弟姐妹吗？
Nǐ yǒu xiōng dì jiě mèi ma
니 요우 씨옹 띠 지에 메이 마

■ 누나와 두 형이 있어요. 저는 막내죠.
我有姐姐和两个哥哥。我是老小。
Wǒ yǒu jiě jie hé liǎng ge gē ge　Wǒ shì lǎo xiǎo
워 요우 지에 지에 허 리앙 거 꺼 거. 워 쓰 라오 시아오

■ 부모님과 같이 사세요?
你跟父母亲一起住吗？
Nǐ gēn fù mǔ qīn yì qǐ zhù ma
니 껀 푸 무 친 이 치 쭈 마

■ 식구는 몇 분이세요?
你家有几口人啊？
Nǐ jiā yǒu jǐ kǒu rén a
니 찌아 요우 지 코우 런 아

■ 저는 가족들과 떨어져 지내요.
我离开家一个人住。
Wǒ lí kāi jiā yí ge rén zhù
워 리 카이 찌아 이 거 런 쭈

■ 저는 미혼입니다. 아직 제게 딱 맞는 상대를 찾고 있어요.
我未婚。我正在找跟我相配的人。
Wǒ wèi hūn　Wǒ zhèng zài zhǎo gēn wǒ xiāng pèi de rén
워 웨이 훈. 워 쩡 짜이 자오 껀 워 씨앙 페이 더 런

■ 우리는 결혼한 지 3년이 됐어요.
我们结婚三年了。
Wǒ men jié hūn sān nián le
워 먼 지에 훈 싼 니앤 러

■ 자녀는 어떻게 되세요?
你有几个孩子啊?
Nǐ yǒu jǐ gè hái zi a
니 요우 지 꺼 하이 즈 아

■ 우리는 아이가 없어요.
我们没有孩子。
Wǒ men méi yǒu hái zi
워 먼 메이 요우 하이 즈

■ 딸이 하나 있어요.
我只有一个女儿。
Wǒ zhǐ yǒu yí ge nǚ ér
워 즈 요우 이 거 뉘 얼

생생 키워드 기본적인 가족관계는 외워두면 좋겠죠?

할아버지	爷爷 [yé ye] 이에 이에	할머니	奶奶 [nǎi nai] 나이 나이
아버지	父亲 [fù qīn] 푸 친	아빠	爸爸 [bà ba] 빠 바
어머니	母亲 [mǔ qīn] 무 친	엄마	妈妈 [mā ma] 마 마
형, 오빠	哥哥 [gē ge] 꺼 거	누나, 언니	姐姐 [jiě jie] 지에 지에
여동생	妹妹 [mèi mei] 메이 메이	남동생	弟弟 [dì di] 띠 디
삼촌	叔叔 [shū shu] 쑤 수	외삼촌	舅舅 [jiù jiu] 찌우 지우
고모	姑母 [gū mǔ] 꾸 무	이모	姨母 [yí mǔ] 이 무
남편	丈夫 [zhàng fū] 짱 푸	아내	妻子 [qī zi] 치 즈

직업에 대해 물을 때

표현문형

무슨 일 하세요? 你做什么工作啊？
Nǐ zuò shén me gōng zuò a

자영업을 하고 있어요. 我自己开公司。
Wǒ zì jǐ kāi gōng sī

■ 무슨 일을 하시나요?
你做什么工作啊？
Nǐ zuò shén me gōng zuò a
니 쭤 선 머 꽁 쭤 아

■ 저는 자영업을 하고 있어요.
我自己开公司。
Wǒ zì jǐ kāi gōng sī
워 쯔 지 카이 꽁 쓰

■ 직책은 어떻게 되세요?
你的职位是什么啊？
Nǐ de zhí wèi shì shén me a
니 더 즈 웨이 쓰 선 머 아

■ 총지배인을 맡고 있어요.
我是总经理。
Wǒ shì zǒng jīng lǐ
워 쓰 종 찡 리

■ 이 일을 하신 지는 얼마나 되셨어요?
你做这个工作多久了？
Nǐ zuò zhè ge gōng zuò duō jiǔ le
니 쭤 쩌 거 꽁 쭤 뚜오 지우 러

■ 정말 멋진 직업이군요.
真是一个很棒的工作呀。
Zhēn shì yí ge hěn bàng de gōng zuò ya
쩐 쓰 이 거 헌 빵 더 꽁 쭤 야

■ 제 사무실은 시청 근처에 있어요.

我的办公室在市政府大楼的附近。
Wǒ de bàn gōng shì zài shì zhèng fǔ dà lóu de fù jìn
워 더 빤 꽁 쓰 짜이 쓰 쩡 푸 따 로우 더 푸 찐

■ 직장이 마음에 드세요?

你对自己的工作单位满意吗?
Nǐ duì zì jǐ de gōng zuò dān wèi mǎn yì ma
니 뚜이 쯔 지 더 꽁 쭤 딴 웨이 만 이 마

■ 저는 지금 하는 일에 만족하고 있어요.

我对现在的工作满意。
Wǒ duì xiàn zài de gōng zuò mǎn yì
워 뚜이 씨앤 짜이 더 꽁 쭤 만 이

■ 저는 파트타임으로 일해요.

我按小时打工。
Wǒ àn xiǎo shí dǎ gōng
워 안 시아오 스 다 꽁

생생키워드 다양한 직업에 대해 알아보죠.

선생님 老师 [lǎo shī] 라오 쓰   변호사 律师 [lù shī] 뤼 쓰
의사 医生 [yī shēng] 이 썽   간호사 大夫 [dài fu] 따이 푸
화가 画家 [huà jiā] 후아 찌아   디자이너 设计师 [shè jì shī] 써 찌 쓰
공무원 公务员 [gōng wù yuán] 꽁 우 위앤
회사원 公司职员 [gōng sī zhí yuán] 꽁 쓰 즈 위앤
은행원 银行职员 [yín xíng zhí yuán] 인 싱 즈 위앤
엔지니어 工程师 [gōng chéng shī] 꽁 청 쓰
운동선수 运动选手 [yùn dòng xuǎn shǒu] 윈 똥 쉬앤 소우

이만 가야겠어요. 我该走了。
Wǒ gāi zǒu le

안녕히 가세요, 잘 지내세요. 请走好, 保重。
Qǐng zǒu hǎo bǎo zhòng

■ 저는 이만 가야겠어요.
我该走了。
Wǒ gāi zǒu le
워 까이 조우 러

■ 벌써 집에 가려고요?
这么快就要回家呀?
Zhè me kuài jiù yào huí jiā ya
쩌 머 콰이 찌우 야오 후이 찌아 야

■ 사무실에 다시 들어가야 할 시간이에요.
我该回办公室了。
Wǒ gāi huí bàn gōng shì le
워 까이 후이 빤 꽁 쓰 러

■ 벌써 시간이 이렇게 됐네요. 이만 갑시다.
时间不早了。 我该走了。
Shí jiān bù zǎo le   Wǒ gāi zǒu le
스 찌앤 뿌 자오 러. 워 까이 조우 러

■ 우리 이만 갈까요?
我们走吧, 好不好?
Wǒ men zǒu ba hǎo bù hǎo
워먼 조우 바, 하오 뿌 하오

■ 그래요, 좀 늦었네요.
好吧, 是有点儿晚了。
Hǎo ba shì yǒu diǎnr wǎn le
하오 바, 쓰 요우 디알 완 러

■ 안녕히 가세요, 잘 지내세요.
请 走 好, 保 重 。
Qǐng zǒu hǎo　bǎo zhòng
칭 조우 하오, 바오 쭝

■ 고마워요, 즐거웠습니다.
多 谢, 我 玩 儿 得 很 开 心 。
Duō xiè　wǒ wánr de hěn kāi xīn
뚜오 씨에, 워 왈 더 헌 카이 씬

■ 오늘 와주셔서 감사합니다.
今 天 你 来 了, 我 很 高 兴 。
Jīn tiān nǐ lái le　wǒ hěn gāo xìng
찐 티앤 니 라이 러, 워 헌 까오 씽

■ 조심해서 가요.
请 慢 走 。
Qǐng màn zǒu
칭 만 조우

■ 또 봐요. 연락할게요.
再 见 。 我 给 你 打 电 话 。
Zài jiàn　Wǒ gěi nǐ dǎ diàn huà
짜이 찌앤. 워 게이 니 다 띠앤 화

■ 오늘 만나 뵙게 되어 반가웠습니다.
今 天 见 到 你 很 高 兴 。
Jīn tiān jiàn dào nǐ hěn gāo xìng
찐 티앤 찌앤 따오 니 헌 까오 씽

■ 행운을 빌어요!
祝 你 好 运 !
Zhù nǐ hǎo yùn
쭈 니 하오 윈

표현문형

나중에 또 봐요. 改天见。
Gǎi tiān jiàn

곧 만납시다. 我们快点见面吧。
Wǒ men kuài diǎn jiàn miàn ba

■ 연락하고 지내요.
我们要保持联络呀。
Wǒ men yào bǎo chí lián luò ya
워 먼 야오 바오 츠 리앤 뤄 야

■ 다음에 봐요.
下回见。
Xià huí jiàn
씨아 후이 찌앤

■ 나중에 또 봐요.
改天见。
Gǎi tiān jiàn
가이 티앤 찌앤

■ 나중에 한번 연락주세요.
改天给我打个电话。
Gǎi tiān gěi wǒ dǎ gè diàn huà
가이 티앤 게이 워 다 꺼 띠앤 화

■ 우리 언제 다시 한번 만나요.
我们改天再见个面吧。
Wǒ men gǎi tiān zài jiàn gè miàn ba
워 먼 가이 티앤 짜이 찌앤 꺼 미앤 바

■ 떠나기 전에 한번 만났으면 좋겠어요.
临走以前我想再见你一面。
Lín zǒu yǐ qián wǒ xiǎng zài jiàn nǐ yí miàn
린 조우 이 치앤 워 시앙 짜이 찌앤 니 이 미앤

■ 언제 다시 만날까요?
我 们 什 么 时 候 再 聚 一 次 ?
Wǒ men shén me shí hòu zài jù yí cì
워 먼 선 머 스 호우 짜이 쮜 이 츠

■ 조만간 모임을 다시 하죠.
我 们 很 快 再 聚 一 次 吧 。
Wǒ men hěn kuài zài jù yí cì ba
워 먼 헌 콰이 짜이 쮜 이 츠 바

■ 곧 만납시다.
我 们 快 点 见 面 吧 。
Wǒ men kuài diǎn jiàn miàn ba
워 먼 콰이 디앤 찌앤 미앤 바

■ 우리 좀 더 자주 만나요.
我 们 经 常 见 面 吧 。
Wǒ men jīng cháng jiàn miàn ba
워 먼 찡 창 찌앤 미앤 바

■ 근처에 오면 꼭 연락주시겠어요?
你 到 我 家 附 近 就 一 定 要 给 我 打 个 电 话 ?
Nǐ dào wǒ jiā fù jìn jiù yí dìng yào gěi wǒ dǎ gè diàn huà
니 따오 워 찌아 푸 찐 찌우 이 띵 야오 게이 워 다 꺼 띠앤 화

■ 언제든지 저희 사무실에 들러주세요.
不 管 什 么 时 间 都 可 以 来 我 的 办 公 室 坐 坐 。
Bù guǎn shén me shí jiān dōu kě yǐ lái wǒ de bàn gōng shì zuò zuo
뿌 구안 선 머 스 찌앤 또우 커 이 라이 워 더 빤 꽁 쓰 쭤 주오

■ 연락드릴게요.
我 会 联 络 你 。
Wǒ huì lián luò nǐ
워 후이 리앤 뤄 니

표현문형

여기 제 명함입니다. 这 是 我 的 名 片。
Zhè shì wǒ de míng piàn

연락드릴게요. 我 会 联络 你。
Wǒ huì lián luò nǐ

■ 당신과 어떻게 하면 연락할 수 있어요?
我 怎么 跟 你 联络 呢?
Wǒ zěn me gēn nǐ lián luò ne
워 전 머 껀 니 리앤 뤄 너

■ 당신의 연락처를 알 수 있을까요?
请 你 告诉 我 你 的 电话 号码, 好 吗?
Qǐng nǐ gào su wǒ nǐ de diàn huà hào mǎ hǎo ma
칭 니 까오 수 워 니 더 띠앤 화 하오 마, 하오 마

■ 여기 제 명함입니다.
这 是 我 的 名 片。
Zhè shì wǒ de míng piàn
쩌 쓰 워 더 밍 피앤

■ 제 전화번호를 알려드릴게요.
我 告诉 你 我 的 电话 号码。
Wǒ gào su nǐ wǒ de diàn huà hào mǎ
워 까오 수 니 워 더 띠앤 화 하오 마

■ 내 휴대폰 번호를 알려줄게요.
我 告诉 你 我 的 手机 号码。
Wǒ gào su nǐ wǒ de shǒu jī hào mǎ
워 까오 수 니 워 더 소우 찌 하오 마

■ 자택전화번호 좀 알 수 있을까요?
请 你 告诉 我 你 家 的 电话 号码, 好 吗?
Qǐng nǐ gào su wǒ nǐ jiā de diàn huà hào mǎ hǎo ma
칭 니 까오 수 워 니 찌아 더 띠앤 화 하오 마, 하오 마

■ 팩스번호가 어떻게 됩니까?

请问，你的传真号码是多少？
Qǐng wèn　nǐ de chuán zhēn hào mǎ shì duō shao
칭 원, 니 더 추안 쩐 하오 마 쓰 뚜오 사오

■ 제 전화번호 알려드릴까요?

我把我的电话号码告诉你，好吗？
Wǒ bǎ wǒ de diàn huà hào mǎ gào su nǐ　hǎo ma
워 바 워 더 띠앤 화 하오 마 까오 수 니, 하오 마

■ 저와 통화하려면 이 번호로 연락주세요.

你打这个号码可以找到我。
Nǐ dǎ zhè ge hào mǎ kě yǐ zhǎo dào wǒ
니 다 쩌 거 하오 마 커 이 자오 따오 워

■ 이 번호로 하면 언제나 연락이 되나요?

打这个号码可以随时找到你吗？
Dǎ zhè ge hào mǎ kě yǐ suí shí zhǎo dào nǐ ma
다 쩌 거 하오 마 커 이 수이 스 자오 따오 니 마

■ 다른 연락처가 있습니까?

有没有别的联络号码？
Yǒu méi yǒu bié de lián luò hào mǎ
요우 메이 요우 비에 더 리앤 뤄 하오 마

■ 이메일 주소 좀 알려주시겠어요?

请你告诉我你的伊妹儿号码，好吗？
Qǐng nǐ gào su wǒ nǐ de yī mèir hào mǎ　hǎo ma
칭 니 까오 수 워 니 더 이 멜 하오 마, 하오 마

■ 제 사무실로 연락주세요.

请把电话打到我的办公室。
Qǐng bǎ diàn huà dǎ dào wǒ de bàn gōng shì
칭 바 띠앤 화 다 따오 워 더 빤 꽁 쓰

Feeling Expression Chinese

사람의 감정이나 기분을 나타내는 표현은 정말 다양하죠. 상대방
에게 자신의 감정을 잘 표현한다는 것은 정말 어려운 일입니다.
이 장에서는 감사의 마음을 표현하고 축하나 위로를 전하는
말, 놀라거나 당황했을 때, 화가 날 때의 표현 등 우리의
생생한 느낌과 마음을 그대로 표현할 수 있는
다양한 감정표현들을 담았습니다.

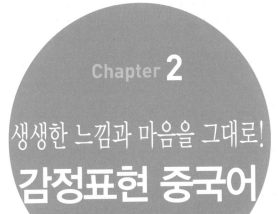

Chapter 2

생생한 느낌과 마음을 그대로!
감정표현 중국어

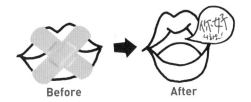

Before → **After**

표현문형

도와주신 데 대해 감사드립니다. 谢谢你的帮助。
Xiè xie nǐ de bāng zhù

천만에요. 不要客气。
Bú yào kè qi

■ 대단히 감사합니다.
非常感谢。
Fēi cháng gǎn xiè
페이 창 간 씨에

■ 어떻게 감사를 드려야 할지 모르겠어요.
真不知道该怎样感谢你。
Zhēn bù zhī dào gāi zěn yàng gǎn xiè nǐ
쩐 뿌 쯔 따오 까이 전 양 간 씨에 니

■ 배려해 주신 데 대해 감사드립니다.
谢谢你的细心关怀。
Xiè xie nǐ de xì xīn guān huái
씨에 시에 니 더 씨 씬 꾸안 후아이

■ 도와주신 데 대해 감사드립니다.
谢谢你的帮助。
Xiè xie nǐ de bāng zhù
씨에 시에 니 더 빵 쭈

■ 칭찬해 주셔서 감사합니다.
谢谢你的夸奖。
Xiè xie nǐ de kuā jiǎng
씨에 시에 니 더 쿠아 지앙

■ 고맙다는 말씀을 전하고 싶어요.
我很想说声谢谢你。
Wǒ hěn xiǎng shuō shēng xiè xie nǐ
워 헌 시앙 쑤오 썽 씨에 시에 니

■ 다들 고마워하고 있어요.

大家都非常感谢你。

Dà jiā dōu fēi cháng gǎn xiè nǐ

따 찌아 또우 페이 창 간 씨에 니

■ 저를 위해 애써주셔서 감사드립니다.

谢谢你对我的关怀照顾。

Xiè xie nǐ duì wǒ de guān huái zhào gù

씨에 시에 니 뚜이 워 더 꾸안 후아이 짜오 꾸

■ 당신이 베푼 은혜 평생 잊지 못할 거예요.

我一辈子也不会忘记你的恩德。

Wǒ yí bèi zǐ yě bú huì wàng jì nǐ de ēn dé

워 이 뻬이 즈 이에 부 후이 왕 찌 니 더 언 더

■ 천만에요.

不要客气。

Bú yào kè qi

부 야오 커 치

■ 그렇게 말씀해 주시니 감사합니다.

你那样说我很感谢。

Nǐ nà yàng shuō wǒ hěn gǎn xiè

니 나 양 쑤오 워 헌 간 씨에

■ 제가 오히려 고맙지요.

我应该谢谢你才对。

Wǒ yīng gāi xiè xie nǐ cái duì

워 잉 까이 씨에 시에 니 차이 뚜이

■ 앞으로 더 열심히 할게요.

今后我会更加努力。

Jīn hòu wǒ huì gēng jiā nǔ lì

찐 호우 워 후이 껑 찌아 누 리

표현문형

승진을 축하합니다. 恭喜你高升。
Gōng xǐ nǐ gāo shēng

대단히 감사합니다. 非常感谢。
Fēi cháng gǎn xiè

■ 승진을 축하합니다.
恭喜你高升。
Gōng xǐ nǐ gāo shēng
꽁 시 니 까오 썽

■ 성공을 축하드립니다.
恭喜你成功。
Gōng xǐ nǐ chéng gōng
꽁 시 니 청 꽁

■ 승리를 자축해요!
我们来庆祝胜利吧!
Wǒ men lái qìng zhù shèng lì ba
워 먼 라이 칭 쭈 썽 리 바

■ 축하해요! 저도 기쁩니다.
恭喜恭喜!我也很高兴。
Gōng xǐ gōng xǐ Wǒ yě hěn gāo xìng
꽁 시 꽁 시! 워 이에 헌 까오 씽

■ 출산을 축하합니다.
恭喜你生下了一个宝宝。
Gōng xǐ nǐ shēng xià le yí ge bǎo bao
꽁 시 니 썽 씨아 러 이 거 바오 바오

■ 생일을 축하해요.
祝你生日快乐。
Zhù nǐ shēng rì kuài lè
쭈 니 썽 르 콰이 러

■ 만수무강하십시오.
   祝 您 健 康 长 寿 。
   Zhù nín jiàn kāng cháng shòu
   쭈 닌 찌앤 캉 창 쏘우

■ 결혼기념일을 축하합니다.
   祝 贺 结 婚 纪 念 日 。
   Zhù hè jié hūn jì niàn rì
   쭈 허 지에 훈 찌 니앤 르

■ 대학교에 합격한 것을 축하합니다.
   恭 喜 你 考 上 了 大 学 。
   Gōng xǐ nǐ kǎo shàng le dà xué
   꽁 시 니 카오 쌍 러 따 쉬에

■ 시험에 합격한 것을 축하합니다.
   恭 喜 你 通 过 了 考 试 。
   Gōng xǐ nǐ tōng guò le kǎo shì
   꽁 시 니 통 꿔 러 카오 쓰

생생 키워드   자신의 마음을 전할 수 있는 인사말을 알아보죠.

축하합니다.   恭喜恭喜! [Gōng xǐ gōng xǐ] 꽁 시 꽁 시
감사합니다.   谢谢。[Xiè xie] 씨에 시에
수고하셨습니다.   辛苦了。[Xīn kǔ le] 씬 쿠 러
천만에 말씀입니다.   不客气。[Bú kè qi] 부 커 치
미안합니다.   对不起。[Duì bu qǐ] 뚜이 부 치
괜찮아요.   没什么。[Méi shén me] 메이 선 머
잘 먹겠습니다.   我不客气了。[Wǒ bú kè qi le] 워 부 커 치 러
잘 먹었습니다.   我吃好了。[Wǒ chī hǎo le] 워 츠 하오 러

칭찬할 때

오늘 발표 참 좋았어. 今天你的发言很好。
Jīn tiān nǐ de fā yán hěn hǎo

칭찬해 주셔서 감사합니다. 谢谢你的夸。
Xiè xie nǐ de kuā

■ 당신 참 친절하시네요.
你真好。
Nǐ zhēn hǎo
니 쩐 하오

■ 당신 멋져 보여요.
你好帅。
Nǐ hǎo shuài
니 하오 쑤아이

■ 아주 잘하고 있어요.
你做得很好。
Nǐ zuò de hěn hǎo
니 쮀 더 헌 하오

■ 오늘 발표 참 좋았어.
今天你的发言很好。
Jīn tiān nǐ de fā yán hěn hǎo
찐 티앤 니 더 파 이앤 헌 하오

■ 우리 모두 그에게 큰 박수를 보냅시다.
我们都来为他鼓掌吧。
Wǒ men dōu lái wèi tā gǔ zhǎng ba
워 먼 또우 라이 웨이 타 구 장 바

■ 당신 명성이 자자하시더군요.
你的口碑很好。
Nǐ de kǒu bēi hěn hǎo
니 더 코우 뻬이 헌 하오

■ 당신 능력이 대단하군요.
你 真 有 能 力 。
Nǐ zhēn yǒu néng lì
니 쩐 요우 넝 리

■ 당신은 그럴 만한 자격이 있어요. 최고예요!
这 是 你 应 得 的 。 因 为 你 是 最 棒 的 !
Zhè shì nǐ yīng dé de　Yīn wèi nǐ shì zuì bàng de
쩌 쓰 니 잉 더 더. 인 웨이 니 쓰 쭈이 빵 더

■ 당신은 상 받을 자격이 있어요.
这 个 奖 是 你 应 得 的 。
Zhè ge jiǎng shì nǐ yīng dé de
쩌 거 지앙 쓰 니 잉 더 더

■ 사진보다 실제로 보니 더 아름다우시네요.
你 比 照 片 更 漂 亮 。
Nǐ bǐ zhào piàn gèng piào liàng
니 비 짜오 피앤 껑 피아오 리앙

■ 손재주가 좋으시네요. 아주 좋았어요.
你 很 手 巧 。 太 好 了 。
Nǐ hěn shǒu qiǎo　Tài hǎo le
니 헌 소우 치아오. 타이 하오 러

■ 너는 참 인사성이 밝구나.
你 真 有 礼 貌 。
Nǐ zhēn yǒu lǐ mào
니 쩐 요우 리마오

■ 네가 정말 자랑스럽구나.
我 真 为 你 骄 傲 。
Wǒ zhēn wèi nǐ jiāo ào
워 쩐 웨이 니 찌아오 아오

표현문형

새해 복 많이 받으세요. 新年快乐。
Xīn nián kuài lè

즐거운 명절 되세요. 祝你节日快乐。
Zhù nǐ jié rì kuài lè

■ 행운을 빌어요!
祝你好运！
Zhù nǐ hǎo yùn
쭈 니 하오 윈

■ 당신은 크게 성공하실 거예요.
你一定会成功。
Nǐ yí dìng huì chéng gōng
니 이 띵 후이 청 꽁

■ 성공을 빌어요.
祝你马到成功。
Zhù nǐ mǎ dào chéng gōng
쭈 니 마 따오 청 꽁

■ 새로운 직장에서 성공하길 빌어요.
祝你在新的工作岗位上马到成功。
Zhù nǐ zài xīn de gōng zuò gǎng wèi shàng mǎ dào chéng gōng
쭈 니 짜이 씬 더 꽁 쭤 강 웨이 쌍 마 따오 청 꽁

■ 당신이 행복하길 빕니다.
祝你幸福。
Zhù nǐ xìng fú
쭈 니 씽 푸

■ 좋은 일만 가득하길 빌어요.
祝你好事多来。
Zhù nǐ hǎo shì duō lái
쭈 니 하오쓰 뚜오 라이

■ 모든 일이 잘 되길 바랄게요.
　　祝你万事如意。
　　Zhù nǐ wàn shì rú yì
　　쭈 니 완 쓰 루 이

■ 항상 기쁜 일만 가득하길 빌게요.
　　祝你永远快乐。
　　Zhù nǐ yǒng yuǎn kuài lè
　　쭈 니 용 위앤 콰이 러

■ 당신의 삶이 항상 행복하길 바랄게요.
　　祝你生活幸福。
　　Zhù nǐ shēng huó xìng fú
　　쭈 니 썽 후오 씽 푸

■ 즐거운 명절 되세요.
　　祝你节日快乐。
　　Zhù nǐ jié rì kuài lè
　　쭈 니 지에 르 콰이 러

■ 즐거운 크리스마스 되시고, 새해 복 많이 받으세요.
　　祝你圣诞快乐, 新年快乐。
　　Zhù nǐ shèng dàn kuài lè　xīn nián kuài lè
　　쭈 니 썽딴 콰이 러, 씬 니앤 콰이 러

■ 새해에는 모든 행운이 깃들기를!
　　祝你新年大吉大利!
　　Zhù nǐ xīn nián dà jí dà lì
　　쭈 니 씬 니앤 따 지 따 리

■ 더 나은 해가 되길 바랄게요.
　　祝你新年进步。
　　Zhù nǐ xīn nián jìn bù
　　쭈 니 씬 니앤 찐 뿌

맞장구&농담할 때

지금 나 놀리는 거예요? 你是在逗我吗？
Nǐ shì zài dòu wǒ ma

농담이에요. 开玩笑啦。
Kāi wán xiào la

■ 정말이요?
是真的吗？
Shì zhēn de ma
쓰 쩐 더 마

■ 재미있군요.
很有意思。
Hěn yǒu yì si
헌 요우 이 스

■ 그래서 그랬군요.
原来是那么回事啊。
Yuán lái shì nà me huí shì a
위앤 라이 쓰 나 머 후이 쓰 아

■ 아, 맞다. 그러니까 생각나네요.
啊，对了。我想起来了。
Ā duì le Wǒ xiǎng qǐ lái le
아, 뚜이 러. 워 시앙 치 라이 러

■ 그래요?
是吗？
Shì ma
쓰 마

■ 그건 좀 너무했네요.
那是有点儿过分了。
Nà shì yǒu diǎnr guò fèn le
나 쓰 요우 디알 꿔 펀 러

■ 확실해요?

你确定吗？
Nǐ què dìng ma
니 취에 띵 마

■ 진짜요?

真的吗？
Zhēn de ma
쩐 더 마

■ 날 놀리는 거죠?

你是逗我的吧？
Nǐ shì dòu wǒ de ba
니 쓰 또우 워 더 바

■ 지금 나 놀리는 거예요?

你是在逗我吗？
Nǐ shì zài dòu wǒ ma
니 쓰 짜이 또우 워 마

■ 농담이에요.

开玩笑啦。
Kāi wán xiào la
카이 완 씨아오 라

■ 농담하는 것뿐이에요.

我不过是开玩笑而已。
Wǒ bú guò shì kāi wán xiào ér yǐ
워 부 꿔 쓰 카이 완 씨아오 얼 이

■ 나 지금 농담할 기분 아니야.

我现在没有心情开玩笑。
Wǒ xiàn zài méi yǒu xīn qíng kāi wán xiào
워 씨앤 짜이 메이 요우 씬 칭 카이 완 씨아오

16 기쁘고 즐거울 때

기분이 날아갈 것 같아요. 我高兴得不得了。
Wǒ gāo xing de bù dé liǎo

네가 잘 돼서 나도 기쁘다. 你好我真高兴。
Nǐ hǎo wǒ zhēn gāo xing

■ 나는 너무 행복해요.
我好开心啊。
Wǒ hǎo kāi xīn a
워 하오 카이 씬 아

■ 기분이 끝내줘요.
心情好极了。
Xīn qíng hǎo jí le
씬 칭 하오 지 러

■ 이렇게 기쁜 일은 없었어요.
我从来没有这么开心过。
Wǒ cóng lái méi yǒu zhè me kāi xīn guò
워 총 라이 메이 요우 쩌 머 카이 씬 꿔

■ 당신 행복해 보여요.
你看上去很开心。
Nǐ kàn shàng qù hěn kāi xīn
니 칸 쌍 취 헌 카이 씬

■ 네가 잘 돼서 나도 기쁘다.
你好我真高兴。
Nǐ hǎo wǒ zhēn gāo xing
니 하오 워 쩐 까오 씽

■ 매우 만족해요.
我很满足。
Wǒ hěn mǎn zú
워 헌 만 주

■ 도무지 믿어지지가 않아!
　真 是 难 以 相 信 ！
　Zhēn shì nán yǐ xiāng xìn
　쩐 쓰 난 이 씨앙 씬

■ 정말 행복한 시간이었어요.
　我 玩 儿 得 很 愉 快 。
　Wǒ wánr de hěn yú kuài
　워 와알 더 헌 위 콰이

■ 기분이 날아갈 것 같아요.
　我 高 兴 得 不 得 了 。
　Wǒ gāo xìng de bù dé liǎo
　워 까오 씽 더 뿌 더 리아오

■ 더 이상 기쁠 수는 없을 거예요.
　我 开 心 到 极 点 了 。
　Wǒ kāi xīn dào jí diǎn le
　워 카이 씬 따오 지 디앤 러

■ 내 생애 이보다 더 기쁜 일은 없었어요.
　在 我 的 一 生 中 没 有 比 这 更 高 兴 的 了 。
　Zài wǒ de yì shēng zhōng méi yǒu bǐ zhè gèng gāo xìng de le
　짜이 워 더 이 썽 쫑 메이 요우 비 쩌 껑 까오 씽 더 러

■ 듣던 중 반가운 소리군요.
　真 是 个 令 我 高 兴 的 消 息 。
　Zhēn shì gè lìng wǒ gāo xìng de xiāo xi
　쩐 쓰 꺼 링 워 까오 씽 더 씨아오 시

■ 그건 정말로 대단한 거예요.
　那 真 是 了 不 起 啊 。
　Nà zhēn shì liǎo bù qǐ a
　나 쩐 쓰 리아오 뿌 치 아

슬픔이나 절망에 빠졌을 때

표현문형

너무 가슴 아파요. 我心痛得不得了。
Wǒ xīn tòng de bù dé liǎo

기운 내세요. 振作起来吧。
Zhèn zuò qǐ lái ba

■ 너무 슬퍼요.
我 很 难 过 。
Wǒ hěn nán guò
워 헌 난 꿔

■ 나는 울고 싶어요.
我 想 哭 。
Wǒ xiàng kū
워 시앙 쿠

■ 우울해요.
我 很 忧 郁 。
Wǒ hěn yōu yù
워 헌 요우 위

■ 마음이 아파요.
我 很 心 痛 。
Wǒ hěn xīn tòng
워 헌 씬 통

■ 너무 가슴 아파요.
我 心 痛 得 不 得 了 。
Wǒ xīn tòng de bù dé liǎo
워 씬 통 더 뿌 더 리아오

■ 너무 괴로워요.
我 很 痛 苦 。
Wǒ hěn tòng kǔ
워 헌 통 쿠

■ 눈앞이 캄캄해요.
我 眼 前 一 片 茫 然 。
Wǒ yǎn qián yí piàn máng rán
워 이앤 치앤 이 피앤 망 란

■ 이보다 더 나쁜 일은 없을 거예요.
没 有 比 这 更 糟 糕 的 了 。
Méi yǒu bǐ zhè gèng zāo gāo de le
메이 요우 삐 쩌 껑 짜오 까오 더 러

■ 모든 게 수포로 돌아갔어요.

一切都成了泡影。
Yí qiè dōu chéng le pào yǐng
이 치에 또우 청 러 파오 잉

■ 나 이제 어떻게 하죠?

我现在应该怎么办呢？
Wǒ xiàn zài yīng gāi zěn me bàn ne
워 씨앤 짜이 잉 까이 전 머 빤 너

■ 이제 끝이에요. 난 모든 걸 잃었어요.

我完蛋了。我一无所有了。
Wǒ wán dàn le   Wǒ yì wú suǒ yǒu le
워 완 딴 러. 워 이 우 수오 요우 러

■ 나에게 미래는 없어요. 아무 희망이 없어요.

我没有将来。也没有希望。
Wǒ méi yǒu jiāng lái   Yě méi yǒu xī wàng
워 메이 요우 찌앙 라이. 이에 메이 요우 씨 왕

생생키워드 기분이나 감정을 나타내는 표현을 알아보죠.

기쁘다	高兴 [gāo xìng] 까오 씽	행복하다	幸福 [xìng fú] 씽 푸
즐겁다	开心 [kāi xīn] 카이 씬	좋아하다	喜欢 [xǐ huān] 시 후안
재미있다	有意思 [yǒu yì si] 요우 이 스		
불쌍하다	可怜 [kě lián] 커 리앤	싫어하다	厌恶 [yàn wù] 이앤 우
슬프다	难过 [nán guò] 난 꿔	괴롭다	痛苦 [tòng kǔ] 통 쿠
쓸쓸하다	寂寞 [jì mò] 찌 모	고독하다	孤独 [gū dú] 꾸 두
화내다	生气 [shēng qì] 셩 치		
기분이 나쁘다	心情很坏 [Xīn qíng hěn huài] 씬 칭 헌 화이		

18 위로의 마음을 전할 때

모든 게 수포로 돌아갔어요. 一切 都 成 了 泡影。
Yí qiè dōu chéng le pào yǐng

너무 상심하지 마세요. 不要 太 伤心 了。
Bú yào tài shāng xīn le

■ 무슨 걱정되는 일이라도 있어요?
你 有 什么 心事 吗?
Nǐ yǒu shén me xīn shì ma
니 요우 선 머 씬 쓰 마

■ 너무 걱정하지 말아요.
不要 太 担心 了。
Bú yào tài dān xīn le
부 야오 타이 딴 씬 러

■ 왜 그렇게 우울한 얼굴이에요?
你 的 神情 怎么 那样 忧郁 呀?
Nǐ de shén qíng zěn me nà yàng yōu yù ya
니 더 선 칭 전 머 나 양 요우 위 야

■ 당신 슬퍼 보이네요.
你 看 上 去 很 难过。
Nǐ kàn shàng qù hěn nán guò
니 칸 쌍 취 헌 난 꿔

■ 슬픈 일이에요. 힘드시겠어요.
非常 令 人 伤心。 你 一定 很 难过。
Fēi cháng lìng rén shāng xīn   Nǐ yí dìng hěn nán guò
페이 창 링 런 쌍 씬. 니 이 띵 헌 난 꿔

■ 용기를 잃지 말고 기운 내세요.
别 泄气, 鼓 起 勇气 来。
Bié xiè qì   gǔ qǐ yǒng qì lái
비에 씨에 치, 구 치 용 치 라이

■ 실망하지 마세요.
别泄气。
Bié xiè qì
비에 씨에 치

■ 너무 우울해하지 마세요.
不要太情绪低落了。
Bú yào tài qíng xù dī luò le
부 야오 타이 칭 쒸 띠 뤄 러

■ 이런, 안됐군요. 마음이 아프네요.
很遗憾。我很心痛。
Hěn yí hàn   Wǒ hěn xīn tòng
헌 이 한. 워 헌 씬 통

■ 너무 상심하지 마세요.
不要太伤心了。
Bú yào tài shāng xīn le
부 야오 타이 쌍 씬 러

■ 모든 일이 잘 될 거라고 믿어요.
一切都会好起来的。
Yí qiè dōu huì hǎo qǐ lái de
이 치에 또우 후이 하오 치 라이 더

■ 내일 일은 내일 걱정하세요.
明天的事明天再说吧。
Míng tiān de shì míng tiān zài shuō ba
밍 티앤 더 쓰 밍 티앤 짜이 쑤오 바

■ 기운 내세요.
振作起来吧。
Zhèn zuò qǐ lái ba
쩐 쮀 치 라이 바

용기를 주고 격려할 때

표현문형

나에게 미래는 없어요. 我没有将来。
Wǒ méi yǒu jiāng lái

다 잘 될 겁니다. 一切都会好的。
Yí qiè dōu huì hǎo de

■ 당신은 다시 시작할 수 있어요.
你可以重新再来。
Nǐ kě yǐ chóng xīn zài lái
니 커 이 총 씬 짜이 라이

■ 당신이 해낼 것이라고 믿어요.
我相信你一定能成功。
Wǒ xiāng xìn nǐ yí dìng néng chéng gōng
워 씨앙 씬 니 이 띵 넝 청 꽁

■ 최선을 다하세요, 당신이라면 할 수 있어요.
请你全力以赴，你一定能做到。
Qǐng nǐ quán lì yǐ fù nǐ yí dìng néng zuò dào
칭 니 취앤 리 이 푸, 니 이 띵 넝 쭤 따오

■ 다 잘 될 겁니다.
一切都会好的。
Yí qiè dōu huì hǎo de
이 치에 또우 후이 하오 더

■ 저는 당신 편이에요.
我支持你。
Wǒ zhī chí nǐ
워 쯔 츠 니

■ 당신에겐 우리가 있어요.
我们都支持你。
Wǒ men dōu zhī chí nǐ
워 먼 또우 쯔 츠 니

■ 당신 능력을 과소평가하지 마세요.

不要低估你的能力。

Bú yào dī gū nǐ de néng lì

부 야오 띠 꾸 니 더 넝 리

■ 포기하지 마세요, 이런 기회는 다시 오지 않아요.

不要放弃, 时机不会再来。

Bú yào fàng qì　shí jī bú huì zài lái

부 야오 팡 치, 스 찌 부 후이 짜이 라이

■ 자신을 믿으세요, 더 잘될 거라고 확신해요.

请你相信自己, 你会更好的。

Qǐng nǐ xiāng xìn zì jǐ　nǐ huì gèng hǎo de

칭니 씨앙 씬 쯔 지, 니 후이 껑 하오 더

■ 참고 견뎌보세요.

你要忍耐一下。

Nǐ yào rěn nài yí xià

니 야오 런 나이 이 씨아

■ 실망하지 마세요, 다음에 잘하면 돼요.

不要泄气, 下回好好做就行了。

Bú yào xiè qì　xià huí hǎo hǎo zuò jiù xíng le

부 야오 씨에 취, 씨아 후이 하오 하오 쭤 찌우 싱 러

■ 걱정하지 마세요, 좋아질 거예요.

别担心, 会好起来的。

Bié dān xīn　huì hǎo qǐ lái de

비에 딴 씬, 후이 하오 치 라이 더

■ 긍정적으로 생각하세요.

你应该往好的方面想。

Nǐ yīng gāi wǎng hǎo de fāng miàn xiǎng

니 잉 까이 왕 하오 더 팡 미앤 시앙

표현문형

오, 이런! 말도 안 돼! **绝对不可能!**
Jué duì bù kě néng

뭐라구? **什么?**
Shén me

■ 말문이 막히네요.
我说不出话来了。
Wǒ shuō bù chū huà lái le
워 쑤오 뿌 추 화 라이 러

■ 놀랐잖아요.
你吓了我一跳。
Nǐ xià le wǒ yí tiào
니 씨아 러 워 이 티아오

■ 하느님 맙소사! 놀라서 말도 못하겠군요.
我的天哪!我吓得都说不出话来了。
Wǒ de tiān na　Wǒ xià de dōu shuō bù chū huà lái le
워 더 티앤 나! 워 씨아 더 또우 쑤오 뿌 추 화 라이 러

■ 세상에!
我的天哪!
Wǒ de tiān na
워 더 티앤 나

■ 정말 놀랍구나!
吓死人了!
Xià sǐ rén le
씨아 스 런 러

■ 이거 충격적인데요.
很令人震惊。
Hěn lìng rén zhèn jīng
헌 링 런 쩐 찡

■ 이건 예상 밖인데요.
很 令 人 意 外 。
Hěn lìng rén yì wài
헌 링 런 이 와이

■ 뭐라구?
什 么 ?
Shén me
선 머

■ 난 믿을 수 없어요.
我 无 法 相 信 。
Wǒ wú fǎ xiāng xìn
워 우 파 씨앙 씬

■ 오, 이런! 말도 안 돼!
绝 对 不 可 能 !
Jué duì bù kě néng
쥐에 뚜이 뿌 커 넝

■ 농담 그만해요.
不 要 再 开 玩 笑 了 。
Bú yào zài kāi wán xiào le
부 야오 짜이 카이 완 씨아오 러

■ 무서워 죽는 줄 알았어요.
吓 死 我 了 。
Xià sǐ wǒ le
씨아 스 워 러

■ 소름끼쳐요.
真 是 令 人 毛 骨 耸 然 啊 。
Zhēn shì lìng rén máo gǔ sǒng rán a
쩐 쓰 링 런 마오 구 송 란 아

불만이나 화를 낼 때

당신 화났어요? 你生气了吗?
Nǐ shēng qì le ma

기분이 나빠요. 我心情很不好。
Wǒ xīn qíng hěn bù hǎo

■ 화가 납니다.
我很生气。
Wǒ hěn shēng qì
워 헌 썽 치

■ 더 이상은 못 참겠어요.
我再也不能忍了。
Wǒ zài yě bù néng rěn le
워 짜이 이에 뿌 넝 런 러

■ 당신 화났어요?
你生气了吗?
Nǐ shēng qì le ma
니 썽 치 러 마

■ 참는 것도 한계가 있어요.
忍耐是有限度的。
Rěn nài shì yǒu xiàn dù de
런 나이 쓰 요우 씨앤 뚜 더

■ 말이 좀 지나치군요.
你的话有点过分。
Nǐ de huà yǒu diǎn guò fèn
니 더 화 요우 디앤 꿔 펀

■ 그가 나를 정말 열 받게 했어요.
他真的很令我生气。
Tā zhēn de hěn lìng wǒ shēng qì
타 쩐 더 헌 링 워 썽 치

■ 기분이 나빠요.
我心情很不好。
Wǒ xīn qíng hěn bù hǎo
워 씬 칭 헌 뿌 하오

■ 너무 스트레스 받아요, 제발 그만 좀 해요.
我很烦, 不要再说了。
Wǒ hěn fán bú yào zài shuō le
워 헌 판, 부 야오 짜이 쑤오 러

■ 맙소사! 또 시작이군.
天哪！又开始了。
Tiān na Yòu kāi shǐ le
티앤 나! 요우 카이 스 러

■ 내게 이래라저래라 하지 마!
少让我做这做那的！
Shǎo ràng wǒ zuò zhè zuò nà de
사오 랑 워 쮜 쩌 쮜 나 더

■ 왜 내게 화풀이 하니?
干吗拿我出气呀？
Gàn má ná wǒ chū qì ya
깐 마 나 워 추 치 야

■ 잘못한 사람은 당신이에요.
做错的人是你呀。
Zuò cuò de rén shì nǐ ya
쮜 춰 더 런 쓰 니 야

■ 그만 좀 투덜거릴래!
好了, 别再说了！
Hǎo le bié zài shuō le
하오 러, 비에 짜이 쑤오 러

표현문형

정말 죄송합니다. 真是很抱歉。
Zhēn shì hěn bào qiàn

괜찮아요. 没什么。
Méi shén me

■ 정말 죄송합니다.
真是很抱歉。
Zhēn shì hěn bào qiàn
쩐 쓰 헌 빠오 치앤

■ 죄송해요. 제 실수예요.
对不起, 是我的过错。
Duì bu qǐ   shì wǒ de guò cuò
뚜이 부 치, 쓰 워 더 꿔 춰

■ 잘못은 저에게 있습니다.
错在于我。
Cuò zài yú wǒ
춰 짜이 위 워

■ 부디 제 사과를 받아주세요.
请接受我的道歉。
Qǐng jiē shòu wǒ de dào qiàn
칭 찌에 쑈우 워 더 따오 치앤

■ 일부러 그런 게 아니었습니다.
我不是有意那样做的。
Wǒ bú shì yǒu yì nà yàng zuò de
워 부 쓰 요우 이 나 양 쮜 더

■ 기다리게 해서 미안합니다.
对不起, 让你久等了。
Duì bu qǐ   ràng nǐ jiǔ děng le
뚜이 부 치, 랑 니 지우 덩 러

■ 폐를 끼쳐서 대단히 죄송합니다.
很 抱 歉 给 你 添 麻 烦 了 。
Hěn bào qiàn gěi nǐ tiān má fán le
헌 빠오 치앤 게이 니 티앤 마 판 러

■ 용서해 주십시오.
请 原 谅 。
Qǐng yuán liàng
칭 위앤 리앙

■ 만회할 기회를 한번 주십시오.
请 给 我 一 次 挽 回 的 机 会 。
Qǐng gěi wǒ yí cì wǎn huí de jī huì
칭 게이 워 이 츠 완 후이 더 찌 후이

■ 다시는 이런 일이 없을 겁니다.
不 会 再 有 这 样 的 事 了 。
Bú huì zài yǒu zhè yàng de shì le
부 후이 짜이 요우 쩌 양 더 쓰 러

■ 저를 봐서 그를 용서해 주십시오.
看 在 我 的 面 子 上 就 原 谅 他 吧 。
Kàn zài wǒ de miàn zi shàng jiù yuán liàng tā ba
칸 짜이 워 더 미앤 즈 쌍 찌우 위앤 리앙 타 바

■ 괜찮아요, 그럴 수도 있죠.
没 什 么 , 不 必 放 在 心 上 。
Méi shén me bú bì fàng zài xīn shàng
메이 선 머, 부 삐 팡 짜이 씬 쌍

■ 당신의 사과를 받아드릴게요.
我 接 受 你 的 道 歉 。
Wǒ jiē shòu nǐ de dào qiàn
워 찌에 쏘우 니 더 따오 치앤

Everyday Life Chinese

우리는 오늘 날씨가 어떤지, 퇴근시간이 되려면 얼마 남았는지, 약속을 정하고 전화를 하고, 맛있는 음식을 먹고 쇼핑을 즐기는 작은 일상에서 행복을 느끼며 삽니다. 이 장에서는 날짜와 시간, 날씨를 알아볼 때, 약속을 정할 때, 성격이나 외모를 말할 때, 전화할 때, 길을 물을 때, 교통편을 이용할 때, 레스토랑을 이용할 때, 쇼핑을 즐길 때 등 우리가 일상생활에서 가장 많이 쓰는 기본표현들을 담았습니다.

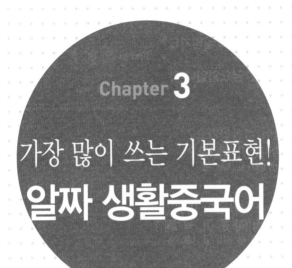

Chapter **3**

가장 많이 쓰는 기본표현!
알짜 생활중국어

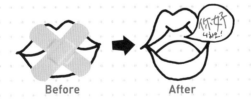

Before　　　　After

23 날짜 & 요일 확인할 때

오늘 무슨 요일인가요? 今 天 星 期 几 ?
Jīn tiān xīng qī jǐ

오늘은 금요일입니다. 今 天 星 期 五 。
Jīn tiān xīng qī wǔ

■ 오늘이 며칠인가요?
今 天 几 号 啊 ?
Jīn tiān jǐ hào a
찐 티앤 지 하오 아

■ 다음 주 화요일이 며칠인가요?
下 周 四 是 几 号 啊 ?
Xià zhōu sì shì jǐ hào a
씨아 쭈우 쓰 쓰 지 하오 아

■ 한국에는 언제 오셨어요?
你 是 什 么 时 候 来 韩 国 的 ?
Nǐ shì shén me shí hòu lái Hán guó de
니 쓰 선 머 스 호우 라이 한 구오 더

■ 너 방학이 언제부터야?
你 什 么 时 候 开 始 放 假 ?
Nǐ shén me shí hòu kāi shǐ fàng jià
니 선 머 스 호우 카이 스 팡 찌아

■ 당신 회사의 설명회는 언제인가요?
您 公 司 的 说 明 会 是 在 什 么 时 候 举 行 ?
Nín gōng sī de shuō míng huì shì zài shén me shí hòu jǔ xíng
닌 꽁 쓰 더 쑤오 밍 후이 쓰 짜이 선 머 스 호우 쥐 싱

■ 오늘 무슨 요일인가요?
今 天 星 期 几 ?
Jīn tiān xīng qī jǐ
찐 티앤 씽 치 지

■ 오늘은 금요일입니다.
   今 天 星 期 五 。
   Jīn tiān xīng qī wǔ
   찐 티앤 씽 치 우

■ 크리스마스는 무슨 요일인가요?
   圣 诞 节 是 礼 拜 几 啊 ?
   Shèng dàn jié shì lǐ bài jǐ a
   썽 딴 지에 쓰 리 빠이 지 아

■ 달력을 확인해 보겠어요.
   我 要 看 看 日 历 。
   Wǒ yào kàn kan rì lì
   워 야오 칸 칸 르 리

■ 이번 달에 무슨 공휴일이 있나요?
   这 个 月 都 有 什 么 休 息 日 啊 ?
   Zhè ge yuè dōu yǒu shén me xiū xi rì a
   쩌 거 위에 또우 요우 선 머 씨우 시 르 아

생생 키워드 요일을 어떻게 부르는지 알아보죠.

일요일 **星期天** [xīng qī tiān] 씽치 티앤   월요일 **星期一** [xīng qī yī] 씽치 이

화요일 **星期二** [xīng qī èr] 씽치 얼   수요일 **星期三** [xīng qī sān] 씽치 싼

목요일 **星期四** [xīng qī sì] 씽치 쓰   금요일 **星期五** [xīng qī wǔ] 씽치우

토요일 **星期六** [xīng qī liù] 씽치 리우

이번 주 **这个星期** [zhè ge xīng qī] 쩌 거 씽치

다음주 **下个星期** [xià ge xīng qī] 씨아 거 씽치

어제 **昨天** [zuó tiān] 주오 티앤   오늘 **今天** [jīn tiān] 찐 티앤

내일 **明天** [míng tiān] 밍 티앤   모레 **后天** [hòu tiān] 호우 티앤

24 시간 알아볼 때

몇 시인가요? 几点了?
Jǐ diǎn le

11시 15분입니다. 十一点十五分。
Shí yī diǎn shí wǔ fēn

■ 지금 몇 시인가요?
현在几点了?
Xiàn zài jǐ diǎn le
씨앤 짜이 지 디앤 러

■ 몇 시인지 알려주시겠습니까?
请问, 现在几点?
Qǐng wèn xiàn zài jǐ diǎn
칭 원, 씨앤 짜이 지 디앤

■ 11시 15분입니다.
十一点十五分。
Shí yī diǎn shí wǔ fēn
스 이 디앤 스 우 펀

■ 6시가 조금 넘었어요.
六点过了一点。
Liù diǎn guò le yì diǎn
리우 디앤 꿔 러 이 디앤

■ 벌써 10시가 넘었어요.
都十点多了。
Dōu shí diǎn duō le
또우 스 디앤 뚜오 러

■ 정오가 되었네요.
正午到了。
Zhèng wǔ dào le
쩡 우 따오 러

■ 제 시계는 5시 30분을 가리키고 있어요.

　我 的 表 是 五 点 三 十 分 。
　Wǒ de biǎo shì wǔ diǎn sān shí fēn
　워 더 비아오 쓰 우 디앤 싼 스 펀

■ 제 시계는 5분 빠르네요.

　我 的 表 快 五 分 钟 。
　Wǒ de biǎo kuài wǔ fēn zhōng
　워 더 비아오 콰이 우 펀 쫑

■ 서둘러요, 시간이 없어요.

　快 点 , 时 间 来 不 及 了 。
　Kuài diǎn shí jiān lái bù jí le
　콰이 디앤, 스 찌앤 라이 뿌 지 러

■ 서두를 필요 없어요, 시간이 충분해요.

　没 必 要 快 , 时 间 来 得 及 。
　Méi bì yào kuài shí jiān lái de jí
　메이 삐 야오 콰이, 스 찌앤 라이 더 지

생생 키워드　시간을 어떻게 표현하는지 알아보죠.

1시	一点 [yī diǎn] 이 디앤	2시	二点 [èr diǎn] 얼 디앤
3시	三点 [sān diǎn] 싼 디앤	4시	四点 [sì diǎn] 쓰 디앤
5시	五点 [wǔ diǎn] 우 디앤	6시	六点 [liù diǎn] 리우 디앤
7시	七点 [qī diǎn] 치 디앤	8시	八点 [bā diǎn] 빠 디앤
9시	九点 [jiǔ diǎn] 지우 디앤	10시	十点 [shí diǎn] 스 디앤
11시	十一点 [shí yī diǎn] 스 이 디앤	12시	十二点 [shí èr diǎn] 스 얼 디앤
아침	早上 [zǎo shang] 자오 쌍	오전	上午 [shàng wǔ] 쌍 우
저녁, 밤	晚上 [wǎn shang] 완 쌍	오후	下午 [xià wǔ] 씨아 우

날씨와 계절 표현

표현문형

오늘 날씨가 어떤가요? 今天天气怎么样呢?
Jīn tiān tiān qì zěn me yàng ne

오늘은 날씨가 흐리군요. 今天天气阴。
Jīn tiān tiān qì yīn

■ 오늘 날씨가 어떤가요?
今天天气怎么样呢?
Jīn tiān tiān qì zěn me yàng ne
찐 티앤 티앤 치 전 머 양 너

■ 너무 화창한 날씨군요.
真是个晴朗的好天气呀。
Zhēn shì gè qíng lǎng de hǎo tiān qì ya
쩐 쓰 꺼 칭 랑 더 하오 티앤 치 야

■ 오늘은 날씨가 흐리군요.
今天天气阴。
Jīn tiān tiān qì yīn
찐 티앤 티앤 치 인

■ 오늘은 좀 쌀쌀해요.
今天天气凉飕飕的。
Jīn tiān tiān qì liáng sōu sōu de
찐 티앤 티앤 치 리앙 쏘우 쏘우 더

■ 밖에 억수 같은 비가 쏟아지고 있어요.
外边下着倾盆大雨呢。
Wài biān xià zhe qīng pén dà yǔ ne
와이 삐앤 씨아 저 칭 펀 따 위 너

■ 일기예보에선 내일 날씨가 흐릴 거라고 했어요.
天气预报说明天天气阴。
Tiān qì yù bào shuō míng tiān tiān qì yīn
티앤 치 위 빠오 쑤오 밍 티앤 티앤 치 인

■ 봄이 바로 코앞에 왔어요.
春天眼看就要到了。
Chūn tiān yǎn kàn jiù yào dào le
춘 티앤 이앤 칸 찌우 야오 따오 러

■ 금년에는 유난히 눈이 많이 오네요.
今年雪下得异常地多。
Jīn nián xuě xià de yì cháng de duō
찐 니앤 쉬에 씨아 더 이 창 더 뚜오

■ 봄과 가을이 가장 좋은 계절이에요.
春天和秋天是最好的季节。
Chūn tiān hé qiū tiān shì zuì hǎo de jì jié
춘 티앤 허 치우 티앤 쓰 쭈이 하오 더 찌 지에

■ 환절기에는 날씨가 변덕스러워요.
换季时天气变化多端。
Huàn jì shí tiān qì biàn huà duō duān
환 찌 스 티앤 치 삐앤 화 뚜오 뚜안

생생키워드 월과 계절을 어떻게 부르는지 알아보죠.

1월	一月 [yī yuè] 이 위에	2월	二月 [èr yuè] 얼 위에
3월	三月 [sān yuè] 싼 위에	4월	四月 [sì yuè] 쓰 위에
5월	五月 [wǔ yuè] 우 위에	6월	六月 [liù yuè] 리우 위에
7월	七月 [qī yuè] 치 위에	8월	八月 [bā yuè] 빠 위에
9월	九月 [jiǔ yuè] 지우 위에	10월	十月 [shí yuè] 스 위에
11월	十一月 [shí yī yuè] 스 이 위에	12월	十二月 [shí èr yuè] 스 얼 위에
봄	春天 [chūn tiān] 춘 티앤	여름	夏天 [xià tiān] 씨아 티앤
가을	秋天 [qiū tiān] 치우 티앤	겨울	冬天 [dōng tiān] 똥 티앤

표현문형

우리 몇 시에 만날까요? 我们几点见面呢？
Wǒ men jǐ diǎn jiàn miàn ne

6시 괜찮아요? 六点好吗？
Jiù diǎn hǎo ma

■ 내일 무슨 약속이 있으세요?
你明天有什么约会吗？
Nǐ míng tiān yǒu shén me yuē huì ma
니 밍 티앤 요우 선 머 위에 후이 마

■ 당신이 떠나기 전에 한번 봤으면 좋겠어요.
你走以前我们要是能见个面就好了。
Nǐ zǒu yǐ qián wǒ men yào shì néng jiàn gè miàn jiù hǎo le
니 조우 이 치앤 워 먼 야오 쓰 넝 찌앤 꺼 미앤 찌우 하오 러

■ 이번 화요일에 뭐하세요?
这个礼拜二你做什么？
Zhè ge lǐ bài èr nǐ zuò shén me
쩌 거 리 빠이 얼 니 쭤 선 머

■ 이번 주말에 시간이 있어요?
这个周末你有空吗？
Zhè ge zhōu mò nǐ yǒu kòng ma
쩌 거 쪼우 모 니 요우 콩 마

■ 네, 언제든 좋습니다.
是的，什么时间都行。
Shì de shén me shí jiān dōu xíng
쓰 더, 선 머 스 찌앤 또우 싱

■ 사실 나도 한번 만났으면 했어요.
事实上我也想见你一面呢。
Shì shí shàng wǒ yě xiǎng jiàn nǐ yí miàn ne
쓰 스 쌍 워 이에 시앙 찌앤 니 이 미앤 너

■ 미안해요, 시간이 안 되는데요.
对不起啊，我没有时间。
Duì bu qǐ a   wǒ méi yǒu shí jiān
뚜이 부 치 아, 워 메이 요우 스 찌앤

■ 우리 어디서 만날까요?
我们在哪里见面呢？
Wǒ men zài nǎ li jiàn miàn ne
워 먼 짜이 나아 리 찌앤 미앤 너

■ 근처에 근사한 레스토랑이 있어요.
附近有一个很不错的餐厅。
Fù jìn yǒu yí ge hěn bú cuò de cān tīng
푸 찐 요우 이 거 헌 부 춰 더 찬 팅

■ 제가 그쪽으로 가는 게 어때요?
我去你那边，好吗？
Wǒ qù nǐ nà biān   hǎo ma
워 취 니 나 삐앤, 하오 마

■ 우리 몇 시에 만날까요?
我们几点见面呢？
Wǒ men jǐ diǎn jiàn miàn ne
워 먼 지 디앤 찌앤 미앤 너

■ 6시 괜찮아요?
六点好吗？
Liù diǎn hǎo ma
리우 디앤 하오 마

■ 당신 일정에 맞게 정하세요.
根据你的时间定吧。
Gēn jù   nǐ de shí jiān dìng ba
껀 쮜 니 더 스 찌앤 띵 바

표현문형

오랫동안 기다렸어요.　我等你好久了。
Wǒ děng nǐ hǎo jiǔ le

미안해요, 저녁 내가 살게요.　对不起，晚饭我请。
Duì bu qǐ　wǎn fàn wǒ qǐng

■ 우리 만나는 것 변동 없지요?
　　我们见面，没有变吧？
　　Wǒ men jiàn miàn　méi yǒu biàn ba
　　워 먼 찌앤 미앤, 메이 요우 삐앤 바

■ 오늘 저녁 약속 안 잊었죠?
　　今晚的约会你没忘吧？
　　Jīn wǎn de yuē huì nǐ méi wàng ba
　　찐 완 더 위에 후이 니 메이 왕 바

■ 알았어요, 안 늦을 게요.
　　知道了，我不会晚的。
　　Zhī dào le　wǒ bú huì wǎn de
　　쯔 따오 러, 워 부 후이 완 더

■ 약속을 앞당길 수 있을까요?
　　我们能提前见面吗？
　　Wǒ men néng tí qián jiàn miàn ma
　　워 먼 넝 티 치앤 찌앤 미앤 마

■ 약속을 다음 기회로 미룰 수 있을까요?
　　我们下回见，好吗？
　　Wǒ men xià huí jiàn　hǎo ma
　　워 먼 씨아 후이 찌앤, 하오 마

■ 미안하지만, 약속을 취소해야겠는데요.
　　很抱歉，我们不能见面了。
　　Hěn bào qiàn　wǒ men bù néng jiàn miàn le
　　헌 빠오 치앤, 워 먼 뿌 넝 찌앤 미앤 러

■ 왜 안 오는 거예요?
> 你 怎 么 还 不 来 ?
> Nǐ zěn me hái bù lái
> 니 전 머 하이 뿌 라이

■ 그는 조금 늦는다고 했어요.
> 他 说 他 要 晚 一 点 。
> Tā shuō tā yào wǎn yì diǎn
> 타 쑤오 타 야오 완 이 디앤

■ 약속을 잊은 거예요?
> 你 是 忘 记 了 我 们 的 约 会 吗 ?
> Nǐ shì wàng jì le wǒ men de yuē huì ma
> 니 쓰 왕 찌 러 워 먼 더 위에 후이 마

■ 더 이상은 못 기다리겠어요.
> 我 不 能 再 等 了 。
> Wǒ bù néng zài děng le
> 워 뿌 넝 짜이 덩 러

■ 왜 나를 바람 맞혔어요?
> 你 为 什 么 放 我 鸽 子 ?
> Nǐ wèi shén me fàng wǒ gē zi
> 니 웨이 선 머 팡 워 꺼 즈

■ 오랫동안 기다렸어요.
> 我 等 你 好 久 了 。
> Wǒ děng nǐ hǎo jiǔ le
> 워 덩 니 하오 지우 러

■ 미안해요, 저녁은 제가 살게요.
> 对 不 起 , 晚 饭 我 请 。
> Duì bu qǐ wǎn fàn wǒ qǐng
> 뚜이 부 치, 완 판 워 칭

28 성격을 말할 때

그 사람은 성격이 좋아요.　他 性 格 很 好 。
Tā xìng gé hěn hǎo

그녀는 허풍쟁이예요.　她 是 个 吹 牛 大 王 。
Tā shì gè chuī niú dà wáng

■ 저는 덜렁대는 편이에요.
　我 性 格 很 随 便 。
　Wǒ xìng gé hěn suí biàn
　워 씽 거 헌 수이 삐앤

■ 친구들은 저보고 내성적이라고 해요.
　朋 友 们 都 说 我 性 格 内 向 。
　Péng yǒu men dōu shuō wǒ xìng gé nèi xiàng
　펑 요우 먼 또우 쑤오 워 씽 거 네이 씨앙

■ 저는 낙천주의자예요.
　我 是 个 乐 观 主 义 者 。
　Wǒ shì gè lè guān zhǔ yì zhě
　워 쓰 꺼 러 꾸안 주 이 저

■ 저는 밝고 쾌활하다는 소리를 많이 들어요.
　人 们 说 我 性 格 开 朗 活 泼 。
　Rén men shuō wǒ xìng gé kāi lǎng huó pō
　런 먼 쑤오 워 씽 거 카이 랑 후오 포

■ 저는 누구에게나 허물없이 얘기하는 편이에요.
　我 跟 什 么 样 的 人 都 很 谈 的 来 。
　Wǒ gēn shén me yàng de rén dōu hěn tán de lái
　워 껀 선 머 양 더 런 또우 헌 탄 더 라이

■ 그 사람은 성격이 좋아요.
　他 性 格 很 好 。
　Tā xìng gé hěn hǎo
　타 씽 거 헌 하오

■ 그는 다혈질이에요.
他脾气暴燥。
Tā pí qi bào zào
타 피 치 빠오 짜오

■ 그는 너무 보수적이에요.
他太保守了。
Tā tài bǎo shǒu le
타 타이 바오 소우 러

■ 그녀는 허풍쟁이예요.
她是个吹牛大王。
Tā shì gè chuī niú dà wáng
타 쓰 꺼 추이 니우 따 왕

■ 그녀는 좀 수줍어하는 것 같아요.
她好像有点害羞。
Tā hǎo xiàng yǒu diǎn hài xiū
타 하오 씨앙 요우 디앤 하이 씨우

생생 **키워드** 사람의 성격을 나타내는 표현을 알아보죠.

적극적이다	**主动** [Zhǔ dòng] 주 똥	소극적이다	**被动** [Bèi dòng] 뻬이 똥
명랑하다	**开朗** [Kāi lǎng] 카이 랑	진지하다	**认真** [Rèn zhēn] 런 쩐
제멋대로다	**随便** [Suí biàn] 수이 삐앤	친절하다	**热情** [Rè qíng] 러 칭
민첩하다	**敏捷** [Mǐn jié] 민 지에	둔하다	**笨** [Bèn] 뻔
유머가 있다	**幽默** [Yōu mò] 요우 모	정직하다	**正直** [Zhèng zhí] 쩡 즈
겁이 많다	**胆子小** [Dǎn zǐ xiǎo] 단즈 시아오		
예의 바르다	**有礼貌** [Yǒu lǐ mào] 요우 리 마오		
느긋하다	**慢悠悠的** [Màn yōu yōu de] 만 요우 요우 더		

외모를 말할 때

표현문형

키가 크시네요.   你个子真高啊。
Nǐ gè zi zhēn gāo a

정말 예쁘세요.   你真漂亮啊。
Nǐ zhēn piào liang a

■ 날씬하군요.
你真苗条啊。
Nǐ zhēn miáo tiao a
니 쩐 미아오 티아오 아

■ 키가 크시네요.
你个子真高啊。
Nǐ gè zi zhēn gāo a
니 꺼 즈 쩐 까오 아

■ 체격이 좋으시네요.
你体格真好啊。
Nǐ tǐ gé zhēn hǎo a
니 티 거 쩐 하오 아

■ 정말 예쁘세요.
你真漂亮啊。
Nǐ zhēn piào liang a
니 쩐 피아오 리앙 아

■ 당신은 자연스런 아름다움이 있어요.
你有着一种自然美。
Nǐ yǒu zhe yì zhǒng zì rán měi
니 요우 저 이 종 쯔 란 메이

■ 나이에 비해 젊어 보이세요.
你看上去很年轻。
Nǐ kàn shàng qù hěn nián qīng
니 칸 쌍 취 헌 니앤 칭

- 당신 보조개가 예쁘네요.
  你的酒窝好漂亮。
  Nǐ de jiǔ wō hǎo piào liang
  니 더 지우 워 하오 피아오 리앙

- 그녀는 체구가 작아요.
  她长得很小。
  Tā zhǎng de hěn xiǎo
  타 장 더 헌 시아오

- 그는 잘생겼어요.
  他长得很帅气。
  Tā zhǎng de hěn shuài qì
  타 장 더 헌 쑤아이 치

- 제 키가 좀 더 컸으면 좋겠어요.
  我希望个子再高一点。
  Wǒ xī wàng gè zi zài gāo yì diǎn
  워 씨 왕 꺼 즈 짜이 까오 이 디앤

생생 키워드 외모를 나타내는 표현을 알아보죠.

매력적이다 有魅力 [Yǒu mèi lì] 요우 메이 리
멋있다 帅气 [Shuài qì] 쑤아이 치   귀엽다 可爱 [Kě ài] 커 아이
키가 크다 个子高 [Gè zi gāo] 꺼즈 까오   뚱뚱하다 胖 [Pàng] 팡
키가 작다 个子矮 [Gè zi ǎi] 꺼 즈 아이   못생겼다 丑 [Chǒu] 초우
얼굴이 둥글다 脸圆圆的 [Liǎn yuán yuán de] 리앤 위앤 위앤 더
코가 높다 鼻子高高的 [Bí zi gāo gāo de] 비 즈 까오 까오 더
입이 크다 嘴大大的 [Zuǐ dà dà de] 주이 따 따 더
어깨가 넓다 肩宽宽的 [Jiān kuān kuān de] 찌앤 쿠안 쿠안 더

표현문형

누구신가요? 您 是 哪 位 啊 ？
Nín shì nǎ wèi a

여보세요, 왕하오입니다. 喂 , 我 是 王 浩 。
Wéi wǒ shì Wáng hào

■ 여보세요, 왕하오입니다.

喂 , 我 是 王 浩 。
Wéi wǒ shì Wáng hào
웨이, 워 쓰 왕 하오

■ 전데요, 누구신가요?

我 就 是 , 您 是 哪 位 啊 ？
Wǒ jiù shì nín shì nǎ wèi a
워 찌우 쓰, 닌 쓰 나 웨이 아

■ 어느 분을 찾으십니까?

请 问 , 您 找 哪 位 啊 ？
Qǐng wèn nín zhǎo nǎ wèi a
칭 원, 닌 자오 나 웨이 아

■ 전화 주셔서 감사합니다.

谢 谢 你 给 我 打 电 话 。
Xiè xie nǐ gěi wǒ dǎ diàn huà
씨에 시에 니 게이 워 다 띠앤 화

■ 잠깐만요, 전화를 연결해 드릴게요.

请 稍 等 , 我 给 你 转 换 。
Qǐng shāo děng wǒ gěi nǐ zhuǎn huàn
칭 싸오 덩, 워 게이 니 주안 환

■ 2번에 전화가 와 있습니다.

二 号 线 来 电 话 了 。
Èr hào xiàn lái diàn huà le
얼 하오 씨앤 라이 띠앤 화 러

■ 전화 잘못 거셨습니다.
你打错电话了。
Nǐ dǎ cuò diàn huà le
니 다 춰 띠앤 화 러

■ 제가 지금 통화하기 어렵습니다.
我现在不方便听电话。
Wǒ xiàn zài bù fāng biàn tīng diàn huà
워 씨앤 짜이 뿌 팡 삐앤 팅 띠앤 화

■ 나중에 전화 드려도 될까요?
我过一会儿给你打电话好吗?
Wǒ guò yí huìr gěi nǐ dǎ diàn huà hǎo ma
워 꿔 이 후얼 게이 니 다 띠앤 화 하오 마

■ 마침 전화 잘 하셨습니다.
你电话来得正好。
Nǐ diàn huà lái de zhèng hǎo
니 띠앤 화 라이 더 쩡 하오

■ 막 전화 드리려던 참이었어요.
我正要给你打电话呢。
Wǒ zhèng yào gěi nǐ dǎ diàn huà ne
워 쩡 야오 게이 니 다 띠앤 화 너

■ 그에게 메시지 남겨드릴까요?
要不要给他留言?
Yào bú yào gěi tā liú yán
야오 부 야오 게이 타 리우 이앤

■ 네, 그렇게 전해 드릴게요.
好的, 我就那样转告他。
Hǎo de wǒ jiù nà yàng zhuǎn gào tā
하오 더, 워 찌우 나 양 주안 까오 타

31 전화를 걸 때

어느 분 찾으세요? 请问，您找哪位啊？
Qǐng wèn nín zhǎo nǎ wèi a

이리 있나요? 请问，李丽在吗？
Qǐng wèn Lǐ lì zài ma

■ 여보세요, 존슨 씨와 통화할 수 있을까요?
喂，请问，约翰逊先生在吗？
Wéi qǐng wèn Yuē hàn xùn xiān sheng zài ma
웨이, 칭 원, 위에 한 쒼 씨앤 성 짜이 마

■ 저는 HD사의 장영입니다.
我是 HD 公司的张英。
Wǒ shì HD gōng sī de Zhāng yīng
워 쓰 에이치디 꿍 쓰 더 짱 잉

■ 금방 전화했던 사람인데요. 이리 있나요?
我刚才打过电话。请问，李丽在吗？
Wǒ gāng cái dǎ guò diàn huà Qǐng wèn Lǐ lì zài ma
워 깡 차이 다 꿔 띠앤 화. 칭 원, 리 리 짜이 마

■ 왕핑 씨와 연결시켜 주십시오.
请给我转一下王平先生。
Qǐng gěi wǒ zhuǎn yí xià Wáng píng xiān sheng
칭 게이 워 주안 이 씨아 왕 핑 씨앤 성

■ 그의 내선번호가 바뀐 것 같은데요.
他的内线电话可能变了。
Tā de nèi xiàn diàn huà kě néng biàn le
타 더 네이 씨앤 띠앤 화 커 넝 삐앤 러

■ 언제쯤 그와 통화할 수 있을까요?
什么时间能跟他通上电话呢？
Shén me shí jiān néng gēn tā tōng shàng diàn huà ne
선 머 스 찌앤 넝 껀 타 통 쌍 띠앤 화 너

■ 제가 전화를 잘못 걸었나 봅니다.
看来我是打错电话了。
Kàn lái wǒ shì dǎ cuò diàn huà le
칸 라이 워 쓰 다 춰 띠앤 화 러

■ 너무 일찍 전화해서 죄송합니다.
不好意思，我打电话太早了。
Bù hǎo yì si wǒ dǎ diàn huà tài zǎo le
뿌 하오 이 스, 워 다 띠앤 화 타이 자오 러

■ 너무 늦게 전화한 건 아닌가요?
我是不是电话打得太晚了？
Wǒ shì bú shì diàn huà dǎ de tài wǎn le
워 쓰 부 쓰 띠앤 화 다 더 타이 완 러

■ 언제 통화하기 편하신가요?
什么时间给你打电话好呢？
Shén me shí jiān gěi nǐ dǎ diàn huà hǎo ne
선 머 스 찌앤 게이 니 다 띠앤 화 하오 너

■ 휴대폰도 꺼놓고 뭐해요?
干嘛把手机也关掉了？
Gàn má bǎ shǒu jī yě guān diào le
깐 마 바 소우 찌 이에 꾸안 띠아오 러

■ 제 휴대폰으로 전화해 달라고 그에게 전해주세요.
请他打我的手机。
Qǐng tā dǎ wǒ de shǒu jī
칭 타 다 워 더 소우 찌

■ 안 들리네요, 끊었다가 다시 걸게요.
听不到，我挂掉后再打。
Tīng bú dào wǒ guà diào hòu zài dǎ
팅 부 따오, 워 꽈 띠아오 호우 짜이 다

 **휴대전화&국제전화 사용할 때**

휴대폰으로 연락할까? 往你的手机打吗？
Wǎng nǐ de shǒu jī dǎ ma

문자 메시지 보내주세요. 请给我发短信。
Qǐng gěi wǒ fā duǎn xìn

■ 당신 전화 오는 거 아니에요?
是不是你的电话响了？
Shì bú shì nǐ de diàn huà xiǎng le
쓰 부 쓰 니 더 띠앤 화 시앙 러

■ 휴대폰 통화 오래 하지 마세요.
不要用手机通话太久了。
Bú yào yòng shǒu jī tōng huà tài jiǔ le
부 야오 용 소우 찌 통 화 타이 지우 러

■ 이번 달 휴대폰 요금이 엄청 나왔어요.
这个月手机通话费非常多。
Zhè ge yuè shǒu jī tōng huà fèi fēi cháng duō
쩌 거 위에 소우 찌 통 화 페이 페이 창 뚜오

■ 문자 메시지 보내주세요.
请给我发短信。
Qǐng gěi wǒ fā duǎn xìn
칭 게이 워 파 두안 씬

■ 음성메시지를 남기는 게 어때요?
录音留言怎么样？
Lù yīn liú yán zěn me yàng
루 인 리우 이엔 전 머 양

■ 진동이라서 못 들었어요.
因为是震动，所以没能听到。
Yīn wèi shì zhèn dòng suǒ yǐ méi néng tīng dào
인 웨이 쓰 쩐 똥, 수오 이 메이 넝 팅 따오

■ 내 휴대폰 배터리가 거의 다 닳았어요.
  我手机的电池快要用完了。
  Wǒ shǒu jī de diàn chí kuài yào yòng wán le
  워 소우 찌 더 띠앤 츠 콰이 야오 용 완 러

■ 한국에 국제전화를 걸고 싶어요.
  我要往韩国打国际长途。
  Wǒ yào wǎng Hán guó dǎ guó jì cháng tú
  워 야오 왕 한 구오 다 구오 찌 창 투

■ 한국의 서울로 수신자부담 전화를 걸고 싶어요.
  我要打对方付款到韩国的首尔。
  Wǒ yào dǎ duì fāng fù kuǎn dào Hán guó de Shǒu ěr
  워 야오 다 뚜이 팡 푸 쿠안 따오 한 구오 더 소우 얼

■ 번호는 2-6221-3020이에요.
  电话号码是2-6221-3020。
  Diàn huà hào mǎ shì èr liù èr èr yāo sān líng èr líng
  띠앤 화 하오 마 쓰 얼 리우 얼 얼 야오 싼 링 얼 링

■ 상대방이 나왔어요, 말씀하세요.
  对方接电话了,请说吧。
  Duì fāng jiē diàn huà le qǐng shuō ba
  뚜이 팡 찌에 띠앤 화 러, 칭 쑤오 바

■ 왕핑 씨가 수신자부담으로 전화했어요, 받으시겠어요?
  王平先生打了对方付款的电话,你接吗?
  Wáng píng xiān sheng dǎ le duì fāng fù kuǎn de diàn huà nǐ jiē ma
  왕 핑 씨앤 성 다 러 뚜이 팡 푸 쿠안 더 띠앤 화, 니 찌에 마

■ 전화카드는 어디서 사나요?
  请问,电话卡在哪里买啊?
  Qǐng wèn diàn huà kǎ zài nǎ li mǎi a
  칭 원, 띠앤 화 카 짜이 나아 리 마이 아

33 컴퓨터&인터넷 표현

컴퓨터에 대해 잘 아세요? 你熟悉电脑吗?
Nǐ shú xī diàn nǎo ma

네, 그래요. 是的,好吧。
Shì de hǎo ba

■ 컴퓨터에 대해 잘 아세요?
你熟悉电脑吗?
Nǐ shú xī diàn nǎo ma
니 수 씨 띠앤 나오 마

■ 이 소프트웨어에는 편리한 기능들이 많아요.
这个软件有很多便利的功能。
Zhè ge ruǎn jiàn yǒu hěn duō biàn lì de gōng néng
쩌 거 루안 찌앤 요우 헌 뚜오 삐앤 리 더 꽁 넝

■ 전에 이 데이터베이스 사용해보신 적 있어요?
你以前用过这个数据库吗?
Nǐ yǐ qián yòng guò zhè ge shù jù kù ma
니 이 치앤 용 꿔 쩌 거 쑤 쮜 쿠 마

■ 저는 그것의 작동법을 잊어버렸어요.
我忘记了怎么操作。
Wǒ wàng jì le zěn me cāo zuò
워 왕 찌 러 전 머 차오 쮜

■ 당신 회사의 웹 사이트가 있나요?
你有公司网站吗?
Nǐ yǒu gōng sī wǎng zhàn ma
니 요우 꽁 쓰 왕 짠 마

■ 존슨 씨에게 이메일을 보냈습니다.
我给约翰逊先生发了伊妹儿。
Wǒ gěi Yuē hàn xùn xiān sheng fā le yī mèir
워 게이 위에 한 쒼 씨앤 성 파 러 이 멜

■ 내가 오늘 아침에 보낸 메일 봤어요?

你看到今天早晨我发的伊妹儿了吗?
Nǐ kàn dào jīn tiān zǎo chén wǒ fā de yī mèir le ma
니 칸 따오 찐 티앤 자오 천 워 파 더 이 멜 러 마

■ 저는 인터넷에서 이 정보를 수집했어요.

我是在网络上搜集的这个信息。
Wǒ shì zài wǎng luò shàng sōu jí de zhè ge xìn xī
워 쓰 짜이 왕 뤄 쌍 쏘우 지 더 쩌 거 씬 씨

■ 자세한 내용은 이메일로 알려드릴게요.

详细的内容我给你发伊妹儿。
Xiáng xì de nèi róng wǒ gěi nǐ fā yī mèir
시앙 씨 더 네이 롱 워 게이 니 파 이 멜

■ 이메일에 첨부된 파일을 열 수 없군요.

我打不开你伊妹儿上的附加文件。
Wǒ dǎ bù kāi nǐ yī mèir shàng de fù jiā wén jiàn
워 다 뿌 카이 니 이 멜 쌍 더 푸 찌아 원 찌앤

생생키워드 컴퓨터&인터넷 관련 표현을 알아보죠.

컴퓨터　**电脑** [diàn nǎo] 띠앤 나오
노트북　**笔记本电脑** [bǐ jì běn diàn nǎo] 비 찌 번 띠앤 나오
인터넷　**因特网** [yīn tè wǎng] 인 터 왕
인터넷게임　**网络游戏** [wǎng luò yóu xì] 왕 뤄 요우 씨
채팅방　**聊天室** [liáo tiān shì] 리아오 티앤 쓰
홈페이지　**主页** [zhǔ yè] 주 이에　　바이러스　**病毒** [bìng dú] 삥 두
검색하다　**搜索** [sōu suǒ] 쏘우 수오　　다운되다　**死机** [sǐ jī] 스 찌
업그레이드　**升级** [shēng jí] 셩 지　　첨부 파일　**附件** [fù jiàn] 푸 찌앤

34 길 물어볼 때

길을 잃었어요. 我迷路了。
Wǒ mí lù le

어디를 가시는 길이세요? 你是去哪儿啊？
Nǐ shì qù nǎr a

■ 실례합니다, 길을 좀 물어봐도 될까요?
不好意思，我想问一下路可以吗？
Bù hǎo yì si wǒ xiǎng wèn yí xià lù kě yǐ ma
뿌 하오 이 스, 워 시앙 원 이 씨아 루 커 이 마

■ 길을 잃었는데, 도와주시겠어요?
我迷路了，请帮我好吗？
Wǒ mí lù le qǐng bāng wǒ hǎo ma
워 미 루 러, 칭 빵 워 하오 마

■ 공항으로 가는 길을 가르쳐 주시겠어요?
请问，去机场怎么走啊？
Qǐng wèn qù jī chǎng zěn me zǒu a
칭 원, 취 찌 창 전 머 조우 아

■ 국립박물관에 가려면 이 길이 맞나요?
去国立博物馆走这条路对吗？
Qù guó lì bó wù guǎn zǒu zhè tiáo lù duì ma
취 구오 리 보 우 구안 조우 쩌 티아오 루 뚜이 마

■ 거기까지 걸어서 얼마나 걸릴까요?
去那里走路要多长时间？
Qù nà li zǒu lù yào duō cháng shí jiān
취 나 리 조우 루 야오 뚜오 창 스 찌앤

■ 여기서 얼마나 먼가요?
离这里有多远啊？
Lí zhè lǐ yǒu duō yuǎn a
리 쩌 리 요우 뚜오 위앤 아

■ 저는 여기가 초행길입니다.
我第一次走这条路。
Wǒ dì yī cì zǒu zhè tiáo lù
워 띠 이 츠 조우 쩌 티아오 루

■ 여기가 어디인가요?
这是什么地方啊？
Zhè shì shén me dì fang a
쩌 쓰 선 머 띠 팡 아

■ 지도에서 위치를 알려주시겠어요?
在地图上的哪个位置？
Zài dì tú shàng de nǎ ge wèi zhì
짜이 띠 투 쌍 더 나아 거 웨이 쯔

■ 이 거리의 이름이 뭔지 알려주실래요?
请问，这个街的名字叫什么？
Qǐng wèn zhè ge jiē de míng zi jiào shén me
칭 원, 쩌 거 찌에 더 밍 즈 찌아오 선 머

■ 이 지도에 표시를 해주세요.
请在地图上做一下标记。
Qǐng zài dì tú shàng zuò yí xià biāo jì
칭 짜이 띠 투 쌍 쭤 이 씨아 삐아오 찌

■ 실례지만, 화장실이 어디에 있습니까?
请问，洗手间在哪儿？
Qǐng wèn xǐ shǒu jiān zài nǎr
칭 원, 시 소우 찌앤 짜이 나알

■ 너무 혼잡스럽군요.
太拥挤了。
Tài yōng jǐ le
타이 용 지 러

표현문형

길 건너편에 있어요.　在这条路的对面。
Zài zhè tiáo lù de duì miàn

너무 혼잡스럽군요.　太拥挤了。
Tài yōng jǐ le

■ 어디를 가시는 길이세요?
　你是去哪儿啊?
　Nǐ shì qù nǎr a
　니 쓰 취 나알 아

■ 길을 알려드릴게요.
　我告诉你怎么走吧。
　Wǒ gào su nǐ zěn me zǒu ba
　워 까오 수 니 전 머 조우 바

■ 약도를 그려드릴게요.
　我给你画一下路线图吧。
　Wǒ gěi nǐ huà yí xià lù xiàn tú ba
　워 게이 니 화 이 씨아 루 씨앤 투 바

■ 길을 건너가세요.
　请过马路。
　Qǐng guò mǎ lù
　칭 꿔 마 루

■ 신호 지나서 있어요.
　过了红绿灯就是。
　Guò le hóng lǜ dēng jiù shì
　꿔 러 훙 뤼 떵 찌우 쓰

■ 길을 내려가면 바로 있는데요.
　沿着这条路走下去就是。
　Yán zhe zhè tiáo lù zǒu xià qù jiù shì
　이엔 저 쩌 티아오 루 조우 씨아 취 찌우 쓰

■ 길 건너편에 있어요.

在这条路的对面。
Zài zhè tiáo lù de duì miàn
짜이 쩌 티아오 루 더 뚜이 미앤

■ 찾기가 아주 쉬운데요.

很好找。
Hěn hǎo zhǎo
헌 하오 자오

■ 첫 번째 신호등에서 왼쪽으로 도세요.

在第一个红绿灯往左拐。
Zài dì yī ge hóng lǜ dēng wǎng zuǒ guǎi
짜이 띠 이 거 훙 뤼 떵 왕 주오 구아이

■ 저기 있는 안내 표시를 따라가세요.

沿着那边的路牌走。
Yán zhe nà biān de lù pái zǒu
이앤 저 나 삐앤 더 루 파이 조우

생생 키워드 실생활에서 자주 쓰는 교통 관련 표현을 알아보죠.

주차장	**停车场** [tíng chē chǎng]	팅 처 창
주차금지	**禁止泊车** [jìn zhǐ bó chē]	찐즈 보 처
정차금지	**禁止停车** [jìn zhǐ tíng chē]	찐즈 팅 처
일방통행	**单向行驶** [dān xiàng xíng shǐ]	딴 씨앙 싱 스
통행금지	**禁止通行** [jìn zhǐ tōng xíng]	찐즈 통 싱
입구	**入口** [rù kǒu] 루 코우	출구 **出口** [chū kǒu] 추 코우
건너지 마시오	**不要过** [bú yào guò] 부 야오 꿔	
건너시오	**过吧** [guò ba] 꿔 바	

표현문형

여기에 주차해도 될까요? 这里可以停车吗？
Zhè lǐ kě yǐ tíng chē ma

주차하실 수 없어요. 不可以停车。
Bù kě yǐ tíng chē

■ 운전 잘 하세요?
你车开得好吗？
Nǐ chē kāi de hǎo ma
니 처 카이 더 하오 마

■ 에어컨 좀 켜주십시오.
请打开空调。
Qǐng dǎ kāi kōng tiáo
칭 따 카이 꽁 티아오

■ 주차장을 찾을 수 없군요. 여기에 주차해도 될까요?
找不到停车场。这里可以停车吗？
Zhǎo bú dào tíng chē chǎng　Zhè lǐ kě yǐ tíng chē ma
자오 부 따오 팅 처 창. 쩌 리 커 이 팅 처 마

■ 사무실 근처에 주차할 수 있나요?
办公室附近可不可以停车？
Bàn gōng shì fù jìn kě bù kě yǐ tíng chē
빤 꽁 쓰 푸 찐 커 뿌 커 이 팅 처

■ 죄송합니다, 여기에 주차하실 수 없어요.
不好意思，这里不可以停车。
Bù hǎo yì si　zhè lǐ bù kě yǐ tíng chē
뿌 하오 이 스, 쩌 리 뿌 커 이 팅 처

■ 주유소를 찾고 있어요.
我在找加油站。
Wǒ zài zhǎo jiā yóu zhàn
워 짜이 자오 찌아 요우 짠

- 기름을 가득 채워 주세요.
    汽油要加满满的。
    Qì yóu yào jiā mǎn mǎn de
    치 요우 야오 찌아 만 만 더

- 자동차를 점검하러 왔어요.
    我是来检查汽车的。
    Wǒ shì lái jiǎn chá qì chē de
    워 쓰 라이 지앤 차 치 처 더

- 엔진 오일 좀 봐주십시오.
    请帮我看一下发动机的润滑油。
    Qǐng bāng wǒ kàn yí xià fā dòng jī de rùn huá yóu
    칭 빵 워 칸 이 씨아 파 똥 찌 더 룬 후아 요우

- 안전벨트를 매세요.
    请系好安全带。
    Qǐng jì hǎo ān quán dài
    칭 찌 하오 안 취앤 따이

- 딱지를 끊겠습니다.
    开罚单了。
    Kāi fá dān le
    카이 파 딴 러

- 저는 교통 표지판을 보지 못했어요.
    我没有看到交通牌。
    Wǒ méi yǒu kàn dào jiāo tōng pái
    워 메이 요우 칸 따오 찌아오 통 파이

- 한번만 봐주세요.
    就请原谅我这一次吧。
    Jiù qǐng yuán liàng wǒ zhè yí cì ba
    찌우 칭 위앤 리앙 워 쩌 이 츠 바

37 택시를 탈 때

이 주소로 가주세요. 请去这个地址。
Qǐng qù zhè ge dì zhǐ

알겠습니다. 知道了。
Zhī dào le

■ 트렁크에 여행 가방을 실을 수 있나요?
我把行李放在后车箱里，好吗？
Wǒ bǎ xíng li fàng zài hòu chē xiāng lǐ hǎo ma
워 바 싱 리 팡 짜이 호우 처 씨앙 리, 하오 마

■ 물론입니다, 트렁크를 열게요.
好的，我来打开后车箱的门。
Hǎo de wǒ lái dǎ kāi hòu chē xiāng de mén
하오 더, 워 라이 다 카이 호우 처 씨앙 더 먼

■ (주소를 보여주며) 이 주소로 가주세요.
请去这个地址。
Qǐng qù zhè ge dì zhǐ
칭 취 쩌 거 띠 즈

■ 저기 빌딩 앞에 세워주세요.
请在那个大厦的前边停车。
Qǐng zài nà ge dà shà de qián biān tíng chē
칭 짜이 나 거 따 싸 더 치앤 삐앤 팅 처

■ 여기서 기다려 주시겠습니까?
请在这儿等一下，好吗？
Qǐng zài zhèr děng yí xià hǎo ma
칭 짜이 쩔 덩 이 씨아, 하오 마

■ 저 앞에서 잠깐 세워주실래요?
请在那边稍微停一下，好吗？
Qǐng zài nà biān shāo wēi tíng yí xià hǎo ma
칭 짜이 나 삐앤 싸오 웨이 팅 이 씨아, 하오 마

■ 천천히 가주세요.

请 慢 点 儿 开 。
Qǐng màn diǎnr kāi
칭 만 디알 카이

■ 시간이 없는데, 속도를 내주세요.

时 间 来 不 及 了, 请 快 点 儿 开 。
Shí jiān lái bù jí le qǐng kuài diǎnr kāi
스 찌앤 라이 뿌 지 러, 칭 콰이 디알 카이

■ 제 생각에는 좀 돌아가는 것 같은데요.

我 看 你 是 绕 路 了 。
Wǒ kàn nǐ shì rào lù le
워 칸 니 쓰 라오 루 러

■ 요금은 얼마입니까?

车 费 是 多 少 钱 啊 ?
Chē fèi shì duō shao qián a
처 페이 쓰 뚜오 사오 치앤 아

■ 요금이 너무 많이 나온 것 같아요.

车 费 太 贵 了 。
Chē fèi tài guì le
처 페이 타이 꾸이 러

■ 거리에 빈 택시가 있습니까?

路 上 有 空 出 租 汽 车 吗 ?
Lù shàng yǒu kōng chū zū qì chē ma
루 쌍 요우 콩 추 쭈 치 처 마

■ 택시 한 대 바로 보내주시겠어요?

请 马 上 派 一 辆 出 租 汽 车 来, 好 吗 ?
Qǐng mǎ shàng pài yí liàng chū zū qì chē lái hǎo ma
칭 마 쌍 파이 이 리앙 추 쭈 치 처 라이, 하오 마

38 버스 이용하기

이 버스 공항에 가나요? 这个汽车到机场吗?
　　　　　　　　　　 Zhè ge qì chē dào jī chǎng ma

아니요, 길을 건너가세요. 不是，请过马路。
　　　　　　　　　　　　 Bú shì qǐng guò mǎ lù

■ 버스 타는 곳이 어디인가요?
　　请 问，在 哪 里 坐 公 共 汽 车？
　　Qǐng wèn zài nǎ li zuò gōng gòng qì chē
　　칭 원, 짜이 나아 리 쭤 꽁 꽁 치 처

■ 가장 가까운 버스정류장은 어디인가요?
　　请 问，最 近 的 公 共 汽 车 站 在 哪 儿？
　　Qǐng wèn zuì jìn de gōng gòng qì chē zhàn zài nǎr
　　칭 원, 쭈이 찐 더 꽁 꽁 치 처 짠 짜이 나알

■ 이곳에 버스가 다니나요?
　　这 个 地 方 有 公 共 汽 车 吗？
　　Zhè ge dì fang yǒu gōng gòng qì chē ma
　　쩌 거 띠 팡 요우 꽁 꽁 치 처 마

■ 이 버스가 공항에 갑니까?
　　请 问，这 个 汽 车 到 机 场 吗？
　　Qǐng wèn zhè ge qì chē dào jī chǎng ma
　　칭 원, 쩌 거 치 처 따오 찌 창 마

■ 123번 버스는 어디서 타야 하나요?
　　1 2 3 路 汽 车 在 哪 里 坐 啊？
　　Yìbǎi èrshí sān lù qì chē zài nǎ li zuò a
　　이 바이 얼 스 싼 루 치 처 짜이 나아 리 쭤 아

■ 길 건너편에서 타세요.
　　到 马 路 对 面 去 坐 吧。
　　Dào mǎ lù duì miàn qù zuò ba
　　따오 마 루 뚜이 미앤 취 쭤 바

■ 다음 직행버스는 몇 시에 오나요?
　　下 一 班 直 通 汽 车 几 点 到 啊 ?
　　Xià yì bān zhí tōng qì chē jǐ diǎn dào a
　　씨아 이 빤 즈 통 치 처 지 디앤 따오 아

■ 어디서 갈아타야 합니까?
　　应 该 在 哪 里 换 车 啊 ?
　　Yīng gāi zài nǎ li huàn chē a
　　잉 까이 짜이 나아 리 환 처 아

■ 그 버스는 몇 번 정차하나요?
　　那 辆 公 车 中 间 停 几 次 啊 ?
　　Nà liàng gōng chē zhōng jiān tíng jǐ cì a
　　나 리앙 꽁 처 쫑 찌앤 팅 지 츠 아

■ 버스 요금은 얼마인가요?
　　公 共 汽 车 费 是 多 少 钱 ?
　　Gōng gòng qì chē fèi shì duō shao qián
　　꽁 꽁 치 처 페이 쓰 뚜오 사오 치앤

■ 도착하면 저에게 말씀해 주시겠어요?
　　到 站 的 话 请 告 诉 我 一 声 , 好 吗 ?
　　Dào zhàn de huà qǐng gào su wǒ yì shēng hǎo ma
　　따오 짠 더 화 칭 까오 수 워 이 썽, 하오 마

■ 버스가 저녁 몇 시에 끊깁니까?
　　公 共 汽 车 晚 上 几 点 停 开 啊 ?
　　Gōng gòng qì chē wǎn shang jǐ diǎn tíng kāi a
　　꽁 꽁 치 처 완 상 지 디앤 팅 카이 아

■ 제가 정류장을 지나쳤어요. 여기서 좀 내려주시겠어요?
　　我 坐 过 站 了 。 请 在 这 里 停 一 下 , 好 吗 ?
　　Wǒ zuò guò zhàn le　Qǐng zài zhè lǐ tíng yí xià hǎo ma
　　워 쭤 꿔 짠 러. 칭 짜이 쩌 리 팅 이 씨아, 하오 마

표현문형

다음 역에서 내릴게요. 我 在 下 一 站 下 。
Wǒ zài xià yí zhàn xià

조심해서 가요. 请 慢 走 。
Qǐng màn zǒu

■ 이 근처에 지하철역이 있습니까?
请 问, 这 个 附 近 有 地 铁 站 吗 ?
Qǐng wèn zhè ge fù jìn yǒu dì tiě zhàn ma
칭 원, 쩌 거 푸 찐 요우 띠 티에 짠 마

■ 자동판매기가 어디에 있어요?
请 问, 自 动 售 票 机 在 哪 儿 ?
Qǐng wèn zì dòng shòu piào jī zài nǎr
칭 원, 쯔 똥 쏘우 피아오 찌 짜이 나알

■ 지하철은 몇 시까지 운행되나요?
请 问, 地 铁 几 点 停 ?
Qǐng wèn dì tiě jǐ diǎn tíng
칭 원, 띠 티에 지 디앤 팅

■ 지하철 노선도 좀 주세요.
请 给 我 一 张 地 铁 路 线 图 。
Qǐng gěi wǒ yì zhāng dì tiě lù xiàn tú
칭 게이 워 이 짱 띠 티에 루 씨앤 투

■ 박물관에 가려면 몇 호선을 타야 하나요?
请 问, 去 博 物 馆 应 该 坐 哪 条 线 地 铁 ?
Qǐng wèn qù bó wù guǎn yīng gāi zuò nǎ tiáo xiàn dì tiě
칭 원, 취 보 우 구안 잉 까이 쭤 나 티아오 씨앤 띠 티에

■ 다음 역은 어디인가요?
请 问, 下 一 站 是 哪 里 ?
Qǐng wèn xià yí zhàn shì nǎ li
칭 원, 씨아 이 짠 쓰 나아 리

■ 천안문 광장은 어디서 내려야 하나요?

请问，去天安门广场在哪里下车？
Qǐng wèn qù Tiān ān mén guǎng chǎng zài nǎ li xià chē
칭 원, 취 티앤 안 먼 구앙 창 짜이 나아 리 씨아 처

■ 이곳이 갈아타는 곳입니까?

这里是换乘站吗？
Zhè lǐ shì huàn chéng zhàn ma
쩌 리 쓰 환 청 짠 마

■ 다음 역에서 내릴게요.

我在下一站下。
Wǒ zài xià yí zhàn xià
워 짜이 씨아 이 짠 씨아

■ 지하철을 반대편에서 잘못 탔습니다.

我地铁坐反了方向。
Wǒ dì tiě zuò fǎn le fāng xiàng
워 띠 티에 쭤 판 러 팡 씨앙

생생 키워드 대중교통을 이용할 때 유용한 표현을 알아보죠.

시내버스 公共汽车 [gōng gòng qì chē] 꽁꽁치처
버스정류장 公共汽车站 [gōng gòng qì chē zhàn] 꽁꽁치처짠
택시 出租汽车 [chū zū qì chē] 추쭈치처
지하철 地铁 [dì tiě] 띠 티에　　기차 火车 [huǒ chē] 후오 처
좌석 座位 [zuò wèi] 쭤 웨이　　침대칸 软卧 [ruǎn wò] 루안 워
특급열차 特快 [tè kuài] 터 콰이　　플랫폼 站台 [zhàn tái] 짠 타이
편도(기차)표 单程票 [dān chéng piào] 딴 청 피아오
왕복(기차)표 往返票 [wǎng fǎn piào] 왕 판 피아오

표현문형

열차는 정각 6시에 출발해요.　列车六点整出发。
Liè chē liù diǎn zhěng chū fā

편도 승차권을 주세요.　我要买单程车票。
Wǒ yào mǎi dān chéng chē piào

■ 상해 행 기차표를 예매하고 싶어요.
我要预定去上海的票。
Wǒ yào yù dìng qù Shàng hǎi de piào
워 야오 위 띵 취 쌍 하이 더 피아오

■ 9시에 출발하는 1등석 승차권으로 주세요.
请给我九点出发的一等席。
Qǐng gěi wǒ jiǔ diǎn chū fā de yì děng xí
칭 게이 워 지우 디앤 추 파 더 이 덩 시

■ 편도 승차권을 주세요.
我要买单程车票。
Wǒ yào mǎi dān chéng chē piào
워 야오 마이 딴 청 처 피아오

■ 장사 행 기차가 있나요?
请问, 有去长沙的火车票吗?
Qǐng wèn　yǒu qù Cháng shā de huǒ chē piào ma
칭 원, 요우 취 창 싸 더 후오 처 피아오 마

■ 이 열차가 남경으로 가는 열차인가요?
这列火车是开往南京的吗?
Zhè liè huǒ chē shì kāi wǎng Nán jīng de ma
쩌 리에 후오 처 쓰 카이 왕 난 찡 더 마

■ 항주 행 열차는 몇 번 플랫폼에서 출발하나요?
到杭州的列车从几号站台出发?
Dào Háng zhōu de liè chē cóng jǐ hào zhàn tái chū fā
따오 항 쪼우 더 리에 처 총 지 하오 짠 타이 추 파

■ 서안으로 가는 열차는 언제 있나요?

开往西安的火车什么时候有?
Kāi wǎng Xī ān de huǒ chē shén me shí hòu yǒu
카이 왕 씨 안 더 후오 처 선 머 스 호우 요우

■ 그 열차는 정각 6시에 출발합니다.

那个列车六点整出发。
Nà ge liè chē liù diǎn zhěng chū fā
나 거 리에 처 리우 디앤 정 추 파

■ 어디서 기차를 갈아타야 하나요?

我应该在哪儿换乘火车呢?
Wǒ yīng gāi zài nǎr huàn chéng huǒ chē ne
워 잉 까이 짜이 나알 환 청 후오 처 아

■ 여기는 제 자리인 것 같은데요.

这里应该是我的位子。
Zhè lǐ yīng gāi shì wǒ de wèi zi
쩌 리 잉 까이 쓰 워 더 웨이 즈

■ 식당칸은 어디인가요?

餐厅车厢在哪儿?
Cān tīng chē xiāng zài nǎr
찬 팅 처 씨앙 짜이 나알

■ 도중에 내릴 수 있나요?

途中可以下车吗?
Tú zhōng kě yǐ xià chē ma
투 쫑 커 이 씨아 처 마

■ 열차를 놓쳤어요.

我错过火车了。
Wǒ cuò guò huǒ chē le
워 춰 꿔 후오 처 러

표현문형

> 빈자리가 있나요? **有空位吗？**
> Yǒu kòng wèi ma
>
> 30분 정도 기다리셔야겠어요. **要等三十分钟左右。**
> Yào děng sān shí fēn zhōng zuǒ yòu

■ 오늘 밤 7시에 예약하고 싶습니다.
我要预定今晚七点。
Wǒ yào yù dìng jīn wǎn qī diǎn
워 야오 위 띵 찐 완 치 디앤

■ 우리 일행은 8명입니다.
我们一行有八人。
Wǒ men yì xíng yǒu bā rén
워 먼 이 싱 요우 빠 런

■ 6시에 이수진 이름으로 예약했는데요.
六点以李秀真的名字预定的。
Liù diǎn yǐ Lǐ xiù zhēn de míng zi yù dìng de
리우 디앤 이 리 씨우 쩐 더 밍 즈 위 띵 더

■ 유감스럽지만, 예약을 취소해야 할 것 같아요.
很抱歉，我要取消预约。
Hěn bào qiàn wǒ yào qǔ xiāo yù yuē
헌 빠오 치앤, 워 야오 취 씨아오 위 위에

■ 금연석으로 창가 쪽 가까운 자리로 주세요.
我要靠窗户的禁烟位子。
Wǒ yào kào chuāng hu de jìn yān wèi zi
워 야오 카오 추앙 후 더 찐 이앤 웨이 즈

■ 더 큰 테이블은 없습니까?
有没有再大一点的桌子？
Yǒu méi yǒu zài dà yì diǎn de zhuō zi
요우 메이 요우 짜이 따 이 디앤 더 쭈오 즈

■ 빈자리가 있나요?
　有空位吗？
　Yǒu kòng wèi ma
　요우 콩 웨이 마

■ 여기는 한국 전통음식점이죠.
　这里是韩国传统料理店。
　Zhè lǐ shì Hán guó chuán tǒng liào lǐ diàn
　쩌 리 쓰 한 구오 추안 통 리아오 리 띠앤

■ 신발을 벗고 들어가세요.
　进去请脱鞋子。
　Jìn qù qǐng tuō xié zi
　찐 취 칭 투오 시에 즈

■ 자, 앉으세요.
　来，请坐。
　Lái qǐng zuò
　라이, 칭 쭤

생생 키워드 식당을 이용할 때 유용한 표현을 알아보죠.

식당	餐厅 [cān tīng] 찬 팅	주문	点菜 [diǎn cài] 디앤 차이
메뉴	菜单 [cài dān] 차이 딴	아침식사	早饭 [zǎo fàn] 자오 판
점심식사	午饭 [wǔ fàn] 우 판	저녁식사	晚饭 [wǎn fàn] 완 판
햄버거	汉堡 [hàn bǎo] 한 바오	피자	比萨 [bǐ sà] 비 싸

중국요리　中国菜 [Zhōng guó cài] 쭝 구오 차이
패스트푸드　快餐 [kuài cān] 콰이 찬
맥도날드　麦当劳 [Mài dāng láo] 마이 땅 라오
냅킨　餐巾纸 [cān jīn zhǐ] 찬 찐즈　　계산서　帐单 [zhàng dān] 짱 딴

42 음식 주문할 때

무엇을 드시고 싶으세요? 您 想 吃 点 儿 什 么 ?
Nín xiǎng chī diǎnr shén me

뭐 맛있는 게 있나요? 有 什 么 好 吃 的 ?
Yǒu shén me hǎo chī de

■ 어떤 음식을 좋아하세요?
你 喜 欢 吃 什 么 菜 啊 ?
Nǐ xǐ huan chī shén me cài a
니 시 후안 츠 선 머 차이 아

■ 제일 좋아하는 한국음식이 뭐예요?
你 最 喜 欢 的 韩 国 饮 食 是 什 么 ?
Nǐ zuì xǐ huan de Hán guó yǐn shí shì shén me
니 쭈이 시 후안 더 한 구오 인 스 쓰 선 머

■ 점심 메뉴는 뭐가 있어요?
请 问 , 午 饭 有 什 么 ?
Qǐng wèn wǔ fàn yǒu shén me
칭 원, 우 판 요우 선 머

■ 이건 어떤 요리인가요?
请 问 , 这 是 什 么 料 理 啊 ?
Qǐng wèn zhè shì shén me liào lǐ a
칭 원, 쩌 쓰 선 머 리아오 리 아

■ 이 레스토랑이 요리를 잘해요.
这 家 餐 厅 的 料 理 味 道 很 好 。
Zhè jiā cān tīng de liào lǐ wèi dào hěn hǎo
쩌 찌아 찬 팅 더 리아오 리 웨이 따오 헌 하오

■ 주방장이 추천하는 요리가 있나요?
有 厨 师 推 荐 的 料 理 吗 ?
Yǒu chú shī tuī jiàn de liào lǐ ma
요우 추 쓰 투이 찌앤 더 리아오 리 마

■ 이 지방의 명물 음식이 무엇인가요?
这个地方有什么特色菜？
Zhè ge dì fāng yǒu shén me tè sè cài
쩌 거 띠 팡 요우 선 머 터 써 차이

■ 오늘의 특별요리가 있나요?
今天有特别料理吗？
Jīn tiān yǒu tè bié liào lǐ ma
찐 티앤 요우 터 비에 리아오 리 마

■ 특산 맥주가 있습니까?
有当地特产啤酒吗？
Yǒu dāng dì tè chǎn pí jiǔ ma
요우 땅 띠 터 찬 피 지우 마

■ 메뉴 좀 주세요.
请给看看菜单。
Qǐng gěi kàn kan cài dān
칭 게이 칸 칸 차이 딴

■ 여기요, 주문 받으세요.
劳驾，我要点菜。
Láo jià wǒ yào diǎn cài
라오 찌아, 워 야오 디앤 차이

■ 같은 걸로 하겠어요.
我要一样的。
Wǒ yào yí yàng de
워 야오 이 양 더

■ 제 주문을 바꿔도 될까요?
我要换一下点的菜，可以吗？
Wǒ yào huàn yí xià diǎn de cài kě yǐ ma
워 야오 환 이 씨 아 디앤 더 차이, 커 이 마

표현문형

음식이 덜 익었어요.　食物还没太熟。
Shí wù hái méi tài shóu

죄송합니다.　很抱歉。
Hěn bào qiàn

■ 제가 주문한 음식이 아직 나오지 않았어요.

我 点 的 菜 到 现 在 还 没 有 出 来 呢 。
Wǒ diǎn de cài dào xiàn zài hái méi yǒu chū lái ne
워 디앤 더 차이 따오 씨앤 짜이 하이 메이 요우 추 라이 너

■ 여기요, 30분 전에 주문했는데요.

小 姐 , 我 在 三 十 分 钟 前 就 点 菜 了 。
Xiǎo jiě　wǒ zài sān shí fēn zhōng qián jiù diǎn cài le
씨아오 지에, 워 짜이 싼 스 펀 쫑 치앤 찌우 디앤 차이 러

■ 저는 이것을 주문하지 않았어요.

我 没 有 点 这 个 菜 呀 。
Wǒ méi yǒu diǎn zhè ge cài ya
워 메이 요우 디앤 쩌 거 차이 야

■ 지배인을 좀 불러주시겠어요?

请 你 们 的 经 理 来 一 下 , 好 吗 ?
Qǐng nǐ men de jīng lǐ lái yí xià　hǎo ma
칭 니 먼 더 찡 리 라이 이 씨아, 하오 마

■ 음식에 머리카락이 들어 있네요.

食 物 里 有 根 头 发 丝 。
Shí wù lǐ yǒu gēn tóu fā sī
스 우 리 요우 껀 토우 파 쓰

■ 제 음식에 뭔가 이상한 것이 들어 있군요.

我 的 饭 菜 里 边 有 怪 怪 的 东 西 。
Wǒ de fàn cài lǐ biān yǒu guài guài de dōng xi
워 더 판 차이 리 삐앤 요우 꽈이 꽈이 더 똥 시

■ 음식이 덜 익었어요. 좀 더 익혀주세요.
　食物还没太熟。请再给弄熟一些。
　Shí wù hái méi tài shóu　Qǐng zài gěi nòng shóu yì xiē
　스 우 하이 메이 타이 소우. 칭 짜이 게이 농 소우 이 씨에

■ 접시 좀 치워주세요.
　请把碟子拿走。
　Qǐng bǎ dié zi ná zǒu
　칭 바 디에 즈 나 조우

■ 냅킨 좀 더 갖다 주세요.
　请再给拿点儿餐巾纸。
　Qǐng zài gěi ná diǎnr cān jīn zhǐ
　칭 짜이 게 나 디알 찬 찐 즈

■ 소금 좀 건네주세요.
　请把盐拿给我。
　Qǐng bǎ yán ná gěi wǒ
　칭 바 이앤 나 게이 워

■ 죄송해요. 제가 유리컵을 깼어요.
　不好意思，我把玻璃杯给摔碎了。
　Bù hǎo yì si　wǒ bǎ bō lí bēi gěi shuāi suì le
　뿌 하오 이 스. 워 바 뽀 리 뻬이 게이 쑤아이 쑤이 러

■ 테이블이 좀 더럽군요. 다시 닦아주세요.
　桌子有点儿脏。请再擦一擦。
　Zhuō zi yǒu diǎnr zàng　Qǐng zài cā yì cā
　쭈오 즈 요우 디알 짱. 칭 짜이 차 이 차

■ 남은 음식을 좀 싸주세요.
　吃剩的饭菜就请打包吧。
　Chī shèng de fàn cài jiù qǐng dǎ bāo ba
　츠 썽 더 판 차이 찌우 칭 다 빠오 바

식사 후 계산할 때

이 요금은 뭔가요? 这 是 什 么 费 用 啊 ?
Zhè shì shén me fèi yòng a

제가 확인해 보겠습니다. 我 确 认 一 下 。
Wǒ què rèn yí xià

■ 오늘 아주 잘 먹었습니다.
今 天 我 吃 得 很 好 。
Jīn tiān wǒ chī de hěn hǎo
찐 티앤 워 츠 더 헌 하오

■ 음식이 아주 맛있군요.
饭 菜 非 常 好 吃 。
Fàn cài fēi cháng hǎo chī
판 차이 페이 창 하오 츠

■ 이곳의 요리는 아주 맛있어요.
这 里 的 饭 菜 非 常 好 吃 。
Zhè lǐ de fàn cài fēi cháng hǎo chī
쩌 리 더 판 차이 페이 창 하오 츠

■ 여기요, 계산서 좀 주세요.
小 姐, 我 要 买 单 。
Xiǎo jiě wǒ yào mǎi dān
시아오 지에, 워 야오 마이 딴

■ 두 분 따로 계산해 드릴까요?
你 们 两 位 要 各 付 吗 ?
Nǐ men liǎng wèi yào gè fù ma
니 먼 리앙 웨이 야오 꺼 푸 마

■ 아니요, 같이 계산해 주세요.
不, 一 起 算 吧 。
Bù yì qǐ suàn ba
뿌, 이 치 쑤안 바

■ 제가 계산하겠어요. 다음에 사세요.
　　我来付款。下回你再付吧。
　　Wǒ lái fù kuǎn　Xià huí nǐ zài fù ba
　　워 라이 푸 쿠안. 씨아 후이 니 짜이 푸 바

■ 이 요금은 무엇인가요?
　　这是什么费用啊？
　　Zhè shì shén me fèi yòng a
　　쩌 쓰 선 머 페이 용 아

■ 계산서가 잘못된 것 같아요.
　　单子上的钱数不对。
　　Dān zi shàng de qián shù bú duì
　　딴 즈 쌍 더 치앤 쑤 부 뚜이

■ 이건 주문하지 않았어요.
　　没有点这个啊。
　　Méi yǒu diǎn zhè ge a
　　메이 요우 디앤 쩌 거 아

생생**키워드** 맛있는 음식과 맛에 대한 표현을 알아보죠.

수프	**汤 [tāng]** 탕		쌀밥	**米饭 [mǐ fàn]** 미 판
두부	**豆腐 [dòu fǔ]** 또우 푸		생선	**海鱼 [hǎi yú]** 하이 위
해산물	**海鲜 [hǎi xiān]** 하이 씨앤		김치	**泡菜 [pào cài]** 파오 차이
고기만두	**肉包子 [ròu bāo zǐ]** 로우 빠오 즈			
자장면	**炸酱面 [zhá jiàng miàn]** 자 찌앙 미앤			
소흥주	**绍兴酒 [shào xīng jiǔ]** 싸오 씽 지우			
달다	**甜 [tián]** 티앤		맵다	**辣 [là]** 라
싱겁다	**淡 [dàn]** 딴		짜다	**咸 [xián]** 시앤

표현문형

영업시간이 어떻게 되죠? 一下营业时间？
Yí xià yíng yè shí jiān

6시까지 영업해요. 我们营业时间到六点。
Wǒ men yíng yè shí jiān dào liù diǎn

■ 이 근처에 백화점이 있나요?
请问，这儿附近有百货商店吗？
Qǐng wèn zhèr fù jìn yǒu bǎi huò shāng diàn ma
칭 원, 절 푸 찐 요우 바이 후오 쌍 띠앤 마

■ 기념품 가게는 어디에 있나요?
请问，哪里有纪念品店啊？
Qǐng wèn nǎ li yǒu jì niàn pǐn diàn a
칭 원, 나아 리 요우 찌 니앤 핀 띠앤 아

■ 면세점이 있나요?
有免税品店吗？
Yǒu miǎn shuì pǐn diàn ma
요우 미앤 쑤이 핀 띠앤 마

■ 매장 안내소는 어디에 있습니까?
请问，询问台在哪儿？
Qǐng wèn xún wèn tái zài nǎr
칭 원, 쉰 원 타이 짜이 나알

■ 장난감 가게는 몇 층에 있나요?
请问，玩具店在几楼？
Qǐng wèn wán jù diàn zài jǐ lóu
칭 원, 완 쮜 띠앤 짜이 지 로우

■ 화장품 코너는 어디에 있나요?
请问，化妆品柜台在哪儿？
Qǐng wèn huà zhuāng pǐn guì tái zài nǎr
칭 원, 화 쭈앙 핀 꾸이 타이 짜이 나알

■ 어머니께 드릴 뭔가를 사려고 하는데요.
　我 想 给 妈 妈 买 点 什 么 。
　Wǒ xiǎng gěi mā ma mǎi diǎn shén me
　워 씨앙 게이 마 마 마이 디앤 선 머

■ 무언가 색다른 걸 찾고 있어요.
　我 在 找 有 点 儿 特 色 的 。
　Wǒ zài zhǎo yǒu diǎnr tè sè de
　워 짜이 자오 요우 디알 터 써 더

■ 영업시간이 어떻게 되세요?
　请 问, 一 下 营 业 时 间 ?
　Qǐng wèn yí xià yíng yè shí jiān
　칭 원, 이 씨아 잉 이에 스 찌앤

■ 지금 세일 기간입니까?
　请 问, 现 在 是 减 价 期 间 吗 ?
　Qǐng wèn xiàn zài shì jiǎn jià qī jiān ma
　칭 원, 씨앤 짜이 쓰 지앤 찌아 치 찌앤 마

생생키워드　원하는 쇼핑 매장을 찾아볼까요?

백화점	百货商店 [bǎi huò shāng diàn] 바이 후오 쌍 띠앤
쇼핑센터	购买中心 [gòu mǎi zhōng xīn] 꼬우 마이 쫑 씬
공예품점	工艺品店 [gōng yì pǐn diàn] 꽁 이 핀 띠앤
차 전문점	茶专卖店 [chá zhuān mài diàn] 차 쭈안 마이 띠앤
기념품	纪念品 [jì niàn pǐn] 찌 니앤 핀
특산품	特产品 [tè chǎn pǐn] 터 찬 핀
전통공예품	传统工艺品 [chuán tǒng gōng yì pǐn] 추안 통 꽁 이 핀
도장재료	印章材料 [yìn zhāng cái liào] 인 짱 차이 리아오

표현문형

어떤 색상이 있나요? 有什么颜色的啊？
Yǒu shén me yán sè de a

흰색과 검정색이 있어요. 有白色和黑色的。
Yǒu bái sè hé hēi sè de

■ 아내에게 줄 선물을 찾고 있어요.
我在找给太太的礼物。
Wǒ zài zhǎo gěi tài tai de lǐ wù
워 짜이 자오 게이 타이 타이 더 리 우

■ 이것이 가장 최신 모델인가요?
这是最新的款式吗？
Zhè shì zuì xīn de kuǎn shì ma
쩌 쓰 쭈이 신 더 쿠안 쓰 마

■ 어떤 것을 권하시겠어요?
你说买什么样的好啊？
Nǐ shuō mǎi shén me yàng de hǎo a
니 쑤오 마이 선 머 양 더 하오 아

■ 어떤 색상이 있습니까?
有什么颜色的啊？
Yǒu shén me yán sè de a
요우 선 머 이앤 써 더 아

■ 흰색과 검정색, 갈색이 있습니다.
有白色和黑色的, 还有褐色的。
Yǒu bái sè hé hēi sè de hái yǒu hè sè de
요우 바이 써 허 헤이 써 더, 하이 요우 허 써 더

■ 물세탁이 가능해요?
可以水洗吗？
Kě yǐ shuǐ xǐ ma
커 이 수이 시 마

■ 입어보는 곳이 어디에 있어요?
请 问，试 衣 室 在 哪 儿？
Qǐng wèn shì yī shì zài nǎr
칭 원. 쓰 이 쓰 짜이 나알

■ 너무 꽉 끼는데요. 한 사이즈 큰 것으로 있나요?
太 紧 了。有 没 有 大 一 号 的？
Tài jǐn le   Yǒu méi yǒu dà yí hào de
타이 진 러. 요우 메이 요우 따 이 하오 더

■ 이걸 신어 봐도 되나요?
这 个 鞋 子 我 可 以 穿 穿 试 试 吗？
Zhè ge xié zi wǒ kě yǐ chuān chuan shì shi ma
쩌 거 시에 즈 워 커 이 추안 추안 쓰 스 마

■ 굽이 더 높은 건 없나요?
鞋 后 跟 有 再 高 点 儿 的 吗？
Xié hòu gēn yǒu zài gāo diǎnr de ma
시에 호우 껀 요우 짜이 까오 디알 더 마

■ 이것은 진짜 진주인가요, 아니면 모조품인가요?
这 个 珍 珠 是 真 的 还 是 仿 制 的？
Zhè ge zhēn zhū shì zhēn de hái shì fǎng zhì de
쩌 거 쩐 쭈 쓰 쩐 더 하이 쓰 팡 쯔 더

■ 도금인가요?
是 镀 金 的 吗？
Shì dù jīn de ma
쓰 뚜 찐 더 마

■ 보증서가 있나요?
有 没 有 保 证 书？
Yǒu méi yǒu bǎo zhèng shū
요우 메이 요우 바오 쩡 쑤

쇼핑 후 가격흥정과 계산할 때

표현문형

좀 깎아주시겠어요? 请便宜一点儿吧。
Qǐng pián yi yì diǎnr ba

그 정도로 깎아드릴 수 없어요. 不能便宜那么多。
Bù néng pián yi nà me duō

■ 모두 얼마입니까?
一共多少钱啊?
Yí gòng duō shao qián a
이 꽁 뚜오 사오 치앤 아

■ 예상보다 비싸네요.
比预想的要贵。
Bǐ yù xiǎng de yào guì
비 위 시앙 더 야오 꾸이

■ 좀 깎아주시겠어요?
请便宜一点儿吧。
Qǐng pián yi yì diǎnr ba
칭 피앤 이 이 디알 바

■ 죄송해요, 그 정도로 깎아드릴 수 없어요.
很抱歉, 不能便宜那么多。
Hěn bào qiàn bù néng pián yi nà me duō
헌 빠오 치앤, 뿌 넝 피앤 이 나 머 뚜오

■ 여행자수표 받나요?
收旅行支票吗?
Shōu lǚ xíng zhī piào ma
쏘우 뤼 싱 쯔 피아오 마

■ 세금이 포함되었나요?
包括税吗?
Bāo kuò shuì ma
빠오 쿼 쑤이 마

■ 신용카드도 받나요?
可 以 用 信 用 卡 支 付 吗 ?
Kě yǐ yòng xìn yòng kǎ zhī fù ma
커 이 용 씬 용 카 쯔 푸 마

■ 거스름돈이 안 맞는 것 같아요.
你 好 像 找 错 钱 了 。
Nǐ hǎo xiàng zhǎo cuò qián le
니 하오 씨앙 자오 춰 치앤 러

■ 따로따로 포장해 주시겠어요?
请 分 开 包 装 ?
Qǐng fēn kāi bāo zhuāng
칭 펀 카이 빠오 쭈앙

■ 선물용으로 포장해 주세요.
我 要 送 礼 请 包 得 好 看 一 些 。
Wǒ yào sòng lǐ qǐng bāo de hǎo kàn yì xiē
워 야오 쏭 리 칭 빠오 더 하오 칸 이 씨에

■ 가격표 좀 떼어주세요.
请 帮 我 拿 掉 价 格 牌 儿 。
Qǐng bāng wǒ ná diào jià gé páir
칭 빵 워 나 띠아오 찌아 거 팔

■ 제 호텔로 배달해 주세요.
请 送 到 我 住 的 饭 店 。
Qǐng sòng dào wǒ zhù de fàn diàn
칭 쏭 따오 워 쭈 더 판 띠앤

■ 한국으로 부쳐주실 수 있나요?
能 给 寄 到 韩 国 吗 ?
Néng gěi jì dào Hán guó ma
넝 게이 찌 따오 한 구오 마

48 물건 교환이나 반품할 때

왜 교환하시는 거예요? 你 为 什 么 要 换 啊 ?
Nǐ wèi shén me yào huàn a

제게 너무 커서 그래요. 我 穿 太 大 了 。
Wǒ chuān tài dà le

■ 이것을 환불받을 수 있을까요?
这 个 可 以 给 退 钱 吗 ?
Zhè ge kě yǐ gěi tuì qián ma
쩌 거 커 이 게이 투이 치앤 마

■ 제대로 작동이 안 되는군요.
不 能 正 常 转 动 。
Bù néng zhèng cháng zhuàn dòng
뿌 넝 쩡 창 쭈안 똥

■ 결함이 있는 물건인 것 같아요.
看 来 是 不 良 品 。
Kàn lái shì bù liáng pǐn
칸 라이 쓰 뿌 리앙 핀

■ 다른 것으로 교환할 수 있나요?
可 以 换 别 的 吗 ?
Kě yǐ huàn bié de ma
커 이 후안 비에 더 마

■ 치수를 바꿔주세요.
请 给 我 换 尺 寸 。
Qǐng gěi wǒ huàn chǐ cùn
칭 게이 워 환 츠 춘

■ 이 바지를 다른 걸로 바꿀 수 있을까요?
这 条 裤 子 能 换 别 的 吗 ?
Zhè tiáo kù zi néng huàn bié de ma
쩌 티아오 쿠 즈 넝 환 비에 더 마

- 왜 교환하시려고 하십니까?
  你 为 什 么 要 换 啊 ?
  Nǐ wèi shén me yào huàn a
  니 웨이 선 머 야오 환 아

- 얼룩이 묻어 있어요.
  有 污 垢 。
  Yǒu wū gòu
  요우 우 꼬우

- 제게 너무 커서 그래요.
  我 穿 太 大 了 。
  Wǒ chuān tài dà le
  워 추안 타이 따 러

- 다른 모양이 있나요?
  有 别 的 款 式 吗 ?
  Yǒu bié de kuǎn shì ma
  요우 비에 더 쿠안 쓰 마

생생키워드 쇼핑할 때 유용한 표현을 알아보죠.

판매원 售货员 [shòu huò yuán] 쏘우 후오 위앤
세일 大减价 [dà jiǎn jià] 따 지앤 찌아
설명서 说明书 [shuō míng shū] 쑤오 밍 쑤
가격표 价格表 [jià gé biǎo] 찌아 거 비아오
정찰제 不二价 [bù èr jià] 뿌 얼 찌아
신용카드 信用卡 [xìn yòng kǎ] 씬 용 카
여행자수표 旅行支票 [lǚ xíng zhī piào] 뤼 싱 쯔 피아오
잔돈 零钱 [líng qián] 링 치앤   포장 包装 [bāo zhuāng] 빠오 쭈왕

Communication Chinese

서로 대화할 때 상대방의 의견을 잘 듣고 자신의 의견을 잘 전달해야 합니다. 말 한마디로 천 냥 빚을 갚는다는 말도 있듯이 모자라지도 넘치지도 않게 자신의 생각이나 의견을 상대에게 전달하는 것은 정말 대단한 능력입니다. 이 장에서는 질문을 주고받고 자기 생각을 말할 때, 협상이나 의견을 조율할 때, 제안이나 부탁할 때, 오해나 말이 잘 통하지 않을 때 등 상대방과의 의사소통을 위한 다양한 표현을 담았습니다.

Chapter 4

왕초보도 술술!
의사소통 중국어

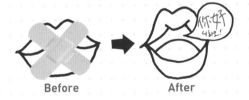

Before   After

표현문형

질문 받으실 거예요? 我 可 以 提 问 吗 ?
Wǒ kě yǐ tí wèn ma

나중에 질문해 주세요. 请 以 后 再 提 问 。
Qǐng yǐ hòu zài tí wèn

■ 질문 하나 해도 될까요?

我 可 以 提 一 个 问 题 吗 ?
Wǒ kě yǐ tí yí ge wèn tí ma
워 커 이 티 이 거 원 티 마

■ 뭐 하나 질문해도 될까요?

我 想 提 一 个 问 题 , 行 吗 ?
Wǒ xiǎng tí yí ge wèn tí xíng ma
워 시앙 티 이 거 원 티, 싱 마

■ 당신에게 물어보고 싶은 게 있었어요.

我 有 事 要 问 你 。
Wǒ yǒu shì yào wèn nǐ
워 요우 쓰 야오 원 니

■ 질문을 해도 좋을는지요?

我 问 你 一 个 问 题 , 好 不 好 ?
Wǒ wèn nǐ yí ge wèn tí hǎo bù hǎo
워 원 니 이 거 원 티, 하오 뿌 하오

■ 개인적인 질문 하나 해도 될까요?

我 问 你 一 个 个 人 问 题 , 可 以 吗 ?
Wǒ wèn nǐ yí ge gè rén wèn tí kě yǐ ma
워 원 니 이 거 꺼 런 더 원 티, 커 이 마

■ 묻고 싶은 게 정말 많아요.

我 想 要 问 的 真 的 很 多 。
Wǒ xiǎng yào wèn de zhēn de hěn duō
워 시앙 야오 원 더 쩐 더 헌 뚜오

■ 내가 이럴 때 어떻게 하면 되는 거예요?
  我 在 这 种 情 况 下 应 该 怎 么 做 才 好 呢?
  Wǒ zài zhè zhǒng qíng kuàng xià yīng gāi zěn me zuò cái hǎo ne
  워 짜이 쩌 종 칭 쿠앙 씨아 잉 까이 전 머 쭤 차이 하오 너

■ 어떤 점에서 그런 생각을 하게 된 거예요?
  你 是 怎 么 有 那 样 想 法 的?
  Nǐ shì zěn me yǒu nà yàng xiǎng fǎ de
  니 쓰 전 머 요우 나 양 시앙 파 더

■ 제 질문에 대답하실 분 계세요?
  谁 能 回 答 我 的 问 题?
  Shéi néng huí dá wǒ de wèn tí
  쉐이 넝 후이 다 워 더 원 티

■ 이 건에 대한 당신 느낌은 어떤가요?
  对 于 这 件 事 你 有 什 么 想 法?
  Duì yú zhè jiàn shì nǐ yǒu shén me xiǎng fǎ
  뚜이 위 쩌 찌앤 쓰 니 요우 선 머 시앙 파

■ 누구에게 물어봐야 하는 거예요?
  应 该 问 谁 呢?
  Yīng gāi wèn shéi ne
  잉 까이 원 쉐이 너

■ 질문할 게 한 가지 더 있는데요.
  我 还 有 一 个 问 题 要 请 问 你。
  Wǒ hái yǒu yí ge wèn tí yào qǐng wèn nǐ
  워 하이 요우 이 거 원 티 야오 칭 원 니

■ 질문 받으실 건가요?
  我 可 以 提 问 吗?
  Wǒ kě yǐ tí wèn ma
  워 커 이 티 원 마

표현문형

물어보고 싶은 게 있었어요. 我有事要问你。
Wǒ yǒu shì yào wèn nǐ

더 이상 물어보지 마세요. 请不要再问了。
Qǐng bú yào zài wèn le

■ 좋은 질문이군요.
这个问题提得好。
Zhè ge wèn tí tí de hǎo
쩌 거 원 티 티 더 하오

■ 그렇기도 하고 아니기도 해요.
是也不是。
Shì yě bú shì
쓰 이에 부 쓰

■ 죄송하지만, 그게 제가 아는 전부입니다.
不好意思, 我知道的就是这些。
Bù hǎo yì si wǒ zhī dào de jiù shì zhè xiē
뿌 하오 이 스, 워 쯔 따오 더 찌우 쓰 쩌 씨에

■ 너무 사적인 질문이 아니면 좋겠어요.
我希望不是太私人的问题。
Wǒ xī wàng bú shì tài sī rén de wèn tí
워 씨 왕 부 쓰 타이 쓰 런 더 원 티

■ 나중에 질문해 주시기 바랍니다.
请以后再提问。
Qǐng yǐ hòu zài tí wèn
칭 이 호우 짜이 티 원

■ 더 이상 물어보지 마세요.
请不要再问了。
Qǐng bú yào zài wèn le
칭 부 야오 짜이 원 러

■ 나는 전혀 모르겠어요.
我 一 点 也 不 知 道。
Wǒ yì diǎn yě bù zhī dào
워 이 디앤 이에 뿌 쯔 따오

■ 제가 대답할 수 있는 질문이 아니에요.
我 没 有 办 法 回 答 这 个 问 题。
Wǒ méi yǒu bàn fǎ huí dá zhè ge wèn tí
워 메이 요우 빤 파 후이 다 쩌 거 원 티

■ 이유는 말할 수 없어요.
我 不 能 告 诉 你 是 什 么 原 因。
Wǒ bù néng gào su nǐ shì shén me yuán yīn
워 뿌 넝 까오 수 니 쓰 선 머 위앤 인

■ 말할 수 없어요, 그건 비밀이에요.
无 可 奉 告, 那 是 秘 密。
Wú kě fèng gào nà shì mì mì
우 커 펑 까오, 나 쓰 미 미

■ 대답하고 싶지 않아요.
我 不 想 回 答。
Wǒ bù xiǎng huí dá
워 뿌 시앙 후이 다

■ 내가 답변할 수 있는 사항이 아닙니다.
这 个 问 题 不 是 我 可 以 回 答 的。
Zhè ge wèn tí bú shì wǒ kě yǐ huí dá de
쩌 거 원 티 부 쓰 워 커 이 후이 다 더

■ 저에게 다 설명해 주십시오.
请 给 我 全 部 说 清 楚。
Qǐng gěi wǒ quán bù shuō qīng chu
칭 게이 워 취앤 뿌 쑤오 칭 추

그거 멋진 생각이네요. 是个好主意。
Shì gè hǎo zhǔ yi

저도 그렇게 생각해요. 我也那么想。
Wǒ yě nà me xiǎng

■ 당신 의견에 동감합니다.
我同意你的想法。
Wǒ tóng yì nǐ de xiǎng fǎ
워 퉁 이 니 더 시앙 파

■ 당신 계획에 찬성합니다.
我赞成你的计划。
Wǒ zàn chéng nǐ de jì huà
워 짠 청 니 더 찌 화

■ 좋아요. 그거 멋진 생각이네요.
好的。是个好主意。
Hǎo de Shì gè hǎo zhǔ yi
하오 더. 쓰 꺼 하오 주 이

■ 당신은 저와 의견이 통하는군요.
你跟我意见相同。
Nǐ gēn wǒ yì jiàn xiāng tóng
니 껀 워 이 찌앤 씨앙 퉁

■ 저도 그렇게 생각합니다.
我也那么想。
Wǒ yě nà me xiǎng
워 이에 나 머 시앙

■ 반대 의견 없습니다.
我没有反对意见。
Wǒ méi yǒu fǎn duì yì jiàn
워 메이 요우 판 뚜이 이 찌앤

■ 당신 말에 일리가 있군요.
你的话有道理。
Nǐ de huà yǒu dào lǐ
니 더 화 요우 따오 리

■ 당신 의견에 반대합니다.
我不同意你的意见。
Wǒ bù tóng yì nǐ de yì jiàn
워 뿌 통 이 니 더 이 찌앤

■ 나는 그 계획에 반대합니다.
我反对那个计划。
Wǒ fǎn duì nà ge jì huà
워 판 뚜이 나 거 찌 화

■ 나는 다른 의견을 가지고 있어요.
我有不同的意见。
Wǒ yǒu bù tóng de yì jiàn
워 요우 뿌 통 더 이 찌앤

■ 전 그렇게 생각하지 않습니다.
我不那样想。
Wǒ bú nà yàng xiǎng
워 부 나 양 시앙

■ 그건 납득할 수 없어요.
那没有说服力。
Nà méi yǒu shuō fú lì
나 메이 요우 쑤오 푸 리

■ 유감이지만, 동의할 수 없군요.
很遗憾，我不能同意你的意见。
Hěn yí hàn　wǒ bù néng tóng yì nǐ de yì jiàn
헌 이 한, 워 뿌 넝 통 이 니 더 이 찌앤

협상이나 의견을 조율할 때

표현문형

당신의 결정에 달렸어요. 在于你的决定。
Zài yú nǐ de jué dìng

협상을 합시다. 我们来协商吧。
Wǒ men lái xié shāng ba

■ 타협의 여지가 남아 있어요.
我们还有余地可以达成一致。
Wǒ men hái yǒu yú dì kě yǐ dá chéng yí zhì
워 먼 하이 요우 위 띠 커 이 다 청 이 쯔

■ 어떻게 타협할까요?
我们怎么样折衷好呢?
Wǒ men zěn me yàng zhé zhōng hǎo ne
워 먼 전 머 양 저 쯍 하오 너

■ 협상을 합시다.
我们来协商吧。
Wǒ men lái xié shāng ba
워 먼 라이 시에 쌍 바

■ 솔직한 대화를 나눠봅시다.
我们坦率地谈谈吧。
Wǒ men tǎn shuài de tán tan ba
워 먼 탄 쑤아이 더 탄 탄 바

■ 우리가 유리해요.
我们有利。
Wǒ men yǒu lì
워 먼 요우 리

■ 우리가 불리해요.
我们不利。
Wǒ men bú lì
워 먼 부 리

■ 당신의 결정에 달렸어요.
在于你的决定。
Zài yú nǐ de jué dìng
짜이 위 니 더 쥐에 띵

■ 저는 제 방식대로 하겠어요.
我要按照我的方式去做。
Wǒ yào àn zhào wǒ de fāng shì qù zuò
워 야오 안 짜오 워 더 팡 쓰 취 쭤

■ 저는 손해 볼 게 없어요.
我没什么可吃亏的。
Wǒ méi shén me kě chī kuī de
워 메이 선 머 커 츠 쿠이 더

■ 당신 진정으로 그런 말을 하는 거예요?
你说的话是真心的吗?
Nǐ shuō de huà shì zhēn xīn de ma
니 쑤오 더 화 쓰 쩐 씬 더 마

■ 서로 의견이 너무 다르군요.
我们彼此意见太不同了。
Wǒ men bǐ cǐ yì jiàn tài bù tóng le
워 먼 비 츠 이 찌앤 타이 뿌 통 러

■ 생각해볼 시간을 주세요.
请给我时间考虑。
Qǐng gěi wǒ shí jiān kǎo lǜ
칭 게이 워 스 찌앤 카오 뤼

■ 며칠 동안 생각할 시간을 주세요.
请给我几天的时间考虑。
Qǐng gěi wǒ jǐ tiān de shí jiān kǎo lǜ
칭 게이 워 지 티앤 더 스 찌앤 카오 뤼

다시 생각해 보세요. **请再考虑考虑吧。**
Qǐng zài kǎo lǜ kǎo lǜ ba

우리가 불리해요. **我们不利。**
Wǒ men bú lì

■ 왜 마음을 바꾸셨어요?
你怎么改变主意了呢？
Nǐ zěn me gǎi biàn zhǔ yi le ne
니 전 머 가이 삐앤 주 이 러 너

■ 왜 그렇게 생각하시는 거예요?
你为什么那么想呢？
Nǐ wèi shén me nà me xiǎng ne
니 웨이 선 머 나 머 시앙 너

■ 당신의 솔직한 의견을 듣고 싶어요.
我想听听你真诚的意见。
Wǒ xiǎng tīng ting nǐ zhēn chéng de yì jiàn
워 시앙 팅 팅 니 쩐 청 더 이 찌앤

■ 제 말을 들으세요.
请听我说。
Qǐng tīng wǒ shuō
칭 팅 워 쑤오

■ 저는 당신이 그러지 않으면 좋겠어요.
我希望你不要那样。
Wǒ xī wàng nǐ bú yào nà yàng
워 씨 왕 니 부 야오 나 양

■ 저를 믿어주세요. 제가 책임지고 해결하겠습니다.
请相信我。我来负责解决这个问题。
Qǐng xiāng xìn wǒ　Wǒ lái fù zé jiě jué zhè ge wèn tí
칭 씨앙 씬 워. 워 라이 푸 저 지에 쥐에 쩌 거 원 티

■ 이성적으로 생각하세요.
你 应 该 理 智 地 想 一 想 。
Nǐ yīng gāi lǐ zhì de xiǎng yì xiǎng
니 잉 까이 리 쯔 더 시앙 이 시앙

■ 다시 생각해 보십시오.
请 再 考 虑 考 虑 吧 。
Qǐng zài kǎo lǜ kǎo lǜ ba
칭 짜이 카오 뤼 카오 뤼 바

■ 저라면 다른 사람의 의견을 좀 더 알아보겠어요.
如 果 是 我 , 我 会 多 听 听 它 人 的 意 见 。
Rú guǒ shì wǒ wǒ huì duō tīng ting tā rén de yì jiàn
루 구오 쓰 워, 워 후이 뚜오 팅 팅 타 런 더 이 찌앤

■ 내가 당신이라면 그렇게 안 할 거예요.
如 果 我 是 你 , 我 是 不 会 那 样 做 的 。
Rú guǒ wǒ shì nǐ wǒ shì bú huì nà yàng zuò de
루 구오 워 쓰 니, 워 쓰 부 후이 나 양 쭤 더

■ 우리 나중에 이야기합시다.
我 们 改 天 再 谈 吧 。
Wǒ men gǎi tiān zài tán ba
워 먼 가이 티앤 짜이 탄 바

■ 어려운 결심을 하셨군요.
你 做 了 一 个 艰 难 的 决 定 。
Nǐ zuò le yí ge jiān nán de jué dìng
니 쭤 러 이 거 찌앤 난 더 쥐에 띵

■ 그 결심 잘 하셨습니다.
这 个 决 定 你 做 得 好 。
Zhè ge jué dìng nǐ zuò de hǎo
쩌 거 쥐에 띵 니 쭤 더 하오

표현문형

좀 물어볼 말이 있어요.   我有话想问你。
Wǒ yǒu huà xiǎng wèn nǐ

뭔데요?   什么消息呀?
Shén me xiāo xi ya

■ 이야기 좀 할 수 있을까요?
　我可以跟你谈谈吗?
　Wǒ kě yǐ gēn nǐ tán tan ma
　워 커 이 껀 니 탄 탄 마

■ 당신에게 할 말이 있는데요.
　我有话想跟你说。
　Wǒ yǒu huà xiǎng gēn nǐ shuō
　워 요우 화 시앙 껀 니 쑤오

■ 당신에게 좀 물어볼 말이 있어요.
　我有话想问你。
　Wǒ yǒu huà xiǎng wèn nǐ
　워 요우 화 시앙 원 니

■ 편하게 얘기 좀 할 수 있어요?
　我们可以随便聊聊吗?
　Wǒ men kě yǐ suí biàn liáo liao ma
　워 먼 커 이 수이 삐앤 리아오 리아오 마

■ 어디 가서 얘기 좀 합시다.
　我们找个地方聊聊吧。
　Wǒ men zhǎo gè dì fang liáo liao ba
　워 먼 자오 꺼 띠 팡 리아오 리아오 바

■ 터놓고 얘기해 봅시다.
　我们坦诚地谈谈吧。
　Wǒ men tǎn chéng de tán tan ba
　워 먼 탄 청 더 탄 탄 바

■ 바쁘신 줄 알지만 시간 좀 내주시겠어요?

我 知 道 你 很 忙 , 你 有 空 吗 ?
Wǒ zhī dào nǐ hěn máng　nǐ yǒu kòng ma
워 쯔 따오 니 헌 망, 니 요우 콩 마

■ 개인적으로 의논할 게 있어요.

我 想 私 底 下 跟 你 谈 谈 。
Wǒ xiǎng sī dǐ xià gēn nǐ tán tan
워 시앙 쓰 디 씨아 껀 니 탄 탄

■ 지금 꼭 할 얘기가 있어요.

我 现 在 有 话 一 定 要 跟 你 说 。
Wǒ xiàn zài yǒu huà yí dìng yào gēn nǐ shuō
워 씨앤 짜이 요우 화 이 띵 야오 껀 니 쑤오

■ 여러분, 잠깐 주목해 주시겠어요?

请 大 家 注 意 ?
Qǐng dà jiā zhù yì
칭 따 찌아 쭈 이

생생 키워드 말문이 막혔을 때 유용한 표현을 알아보죠.

글쎄…. 　就是说…。[Jiù shì shuō] 찌우 쓰 쑤오

글쎄요, 제 말은…. 　啊, 我的意思是说…。
　　　　　　　　　　[A wǒ de yì si shì shuō] 아, 워 더 이 스 쓰 쑤오

음, 말하자면…. 　啊, 也就是说…。[A yě jiù shì shuō] 아, 이에 찌우 쓰 쑤오

음, 사실은…. 　啊, 事实上…。[A shì shí shàng] 아, 쓰 스 쌍

그러니까…. 　你是知道的…。[Nǐ shì zhī dào de] 니 쓰 쯔 따오 더

내가 어디까지 말했죠? 　我说到哪里啦?
　　　　　　　　　　[wǒ shuō dào nǎ li la] 워 쑤오 따오 나아 리 라

소식이나 정보를 전할 때

표현문형

소식 들었어요? 你听到消息了吗?
Nǐ tīng dào xiāo xi le ma

아니요, 말해주세요. 没有, 告诉我啊。
Méi yǒu gào su wǒ a

■ 이봐요, 들었어요?
喂, 你听到了没有?
Wèi nǐ tīng dào le méi yǒu
웨이, 니 팅 따오 러 메이 요우

■ 당신 이 말 들으면 놀랄 걸요.
你听到这个消息一定会吃惊的。
Nǐ tīng dào zhè ge xiāo xi yí dìng huì chī jīng de
니 팅 따오 쩌 거 씨아오 시 이 띵 후이 츠 찡 더

■ 무슨 일이 있었는지 들었어요?
你知道有什么事吗?
Nǐ zhī dào yǒu shén me shì ma
니 쯔 따오 요우 선 머 쓰 마

■ 내 말 좀 들어봐.
你听我说。
Nǐ tīng wǒ shuō
니 팅 워 쑤오

■ 내가 무슨 말을 들었는지 믿기 어려울 걸!
你一定不会相信我听到什么话了!
Nǐ yí dìng bú huì xiāng xìn wǒ tīng dào shén me huà le
니 이 띵 부 후이 씨앙 씬 워 팅 따오 선 머 화 러

■ 내가 무슨 말을 들었는지 알아요?
你知道我听到什么了吗?
Nǐ zhī dào wǒ tīng dào shén me le ma
니 쯔 따오 워 팅 따오 선 머 러 마

■ 소식 들었어요?

你听到消息了吗?

Nǐ tīng dào xiāo xi le ma

니 팅 따오 씨아오 시 러 마

■ 아니요, 뭔데요? 말해주세요.

没有, 什么消息呀?告诉我啊。

Méi yǒu shén me xiāo xi ya Gào su wǒ a

메이 요우, 선 머 씨아오 시 야? 까오 수 워 아

■ 내 말 좀 끝까지 들어봐요.

请听我把话说完。

Qǐng tīng wǒ bǎ huà shuō wán

칭 팅 워 바 화 쑤오 완

■ 바로 그렇게 된 거였어요.

就是那么回事。

Jiù shì nà me huì shí

찌우 쓰 나 머 후이 스

■ 어디서 들었는데요?

你是从哪里听来的?

Nǐ shì cóng nǎ li tīng lái de

니 쓰 총 나아 리 팅 라이 더

■ 신문 헤드라인에 실렸던데요.

我是从报纸的摘要上看到的。

Wǒ shì cóng bào zhǐ de zhāi yào shàng kàn dào de

워 쓰 총 빠오 즈 더 짜이 야오 쌍 칸 따오 더

■ 그거 예전에 들은 이야기야.

那是我以前就听到的了。

Nà shì wǒ yǐ qián jiù tīng dào de le

나 쓰 워 이 취앤 찌우 팅 따오 더 러

56 예상&추측

그럴 것 같지 않군요. 不会那样子。
Bú huì nà yàng zi

저를 믿어주세요. 请相信我。
Qǐng xiāng xìn wǒ

■ 그럴 줄 알았어요.

我就知道会那样。
Wǒ jiù zhī dào huì nà yàng
워 찌우 쯔 따오 후이 나 양

■ 그러게 내가 뭐랬어요?

我不是跟你说过了吗?
Wǒ bú shì gēn nǐ shuō guò le ma
워 부 쓰 껀 니 쑤오 꿔 러 마

■ 내 생각으로는 해볼 만해요.

依我看来, 你应该试一试。
Yī wǒ kàn lái   nǐ yīng gāi shì yí shì
이 워 칸 라이, 니 잉 까이 쓰 이 쓰

■ 한번 해보세요, 저는 가능하다고 봅니다.

你试一试吧, 我想你可以。
Nǐ shì yí shì ba   wǒ xiǎng nǐ kě yǐ
니 쓰 이 쓰 바, 워 시앙 니 커 이

■ 뭐라고 말을 못하겠어요.

我也说不了什么。
Wǒ yě shuō bù liǎo shén me
워 이에 쑤오 뿌 리아오 선 머

■ 나는 그렇게 보지 않습니다.

我不那么看。
Wǒ bú nà me kàn
워 부 나 머 칸

■ 그럴 것 같지 않군요.
　　不会那样子。
　　Bú huì nà yàng zi
　　부 후이 나 양 즈

■ 예감이 좋지 않군요.
　　预感不太好。
　　Yù gǎn bú tài hǎo
　　위 간 부 타이 하오

■ 누가 알아요? 세상에 불가능한 일이란 없어요.
　　谁知道呢？这世上没有不可能的事情。
　　Shéi zhī dào ne　Zhè shì shàng méi yǒu bù kě néng de shì qíng
　　쉐이 쯔 따오 너? 쩌 쓰 쌍 메이 요우 뿌 커 넝 더 쓰 칭

■ 당신은 틀림없이 잘 할 거예요.
　　你一定会做得很好。
　　Nǐ yí dìng huì zuò de hěn hǎo
　　니 이 띵 후이 쭤 더 헌 하오

■ 저는 가능하다고 봅니다.
　　我想可以。
　　Wǒ xiǎng kě yǐ
　　워 시앙 커 이

■ 이건 예상 밖이군요.
　　这真是意料之外。
　　Zhè zhēn shì yì liào zhī wài
　　쩌 쩐 쓰 이 리아오 쯔 와이

■ 일이 이렇게 될 줄 정말 몰랐어.
　　我真的没想到事情会这样子。
　　Wǒ zhēn de méi xiǎng dào shì qing huì zhè yàng zi
　　워 쩐 더 메이 시앙 따오 쓰 칭 후이 쩌 양 즈

57 도움을 주고받을 때

저를 좀 도와주세요. 请帮帮我。
Qǐng bāng bāng wǒ

기꺼이 도와드릴게요. 我很乐意帮你。
Wǒ hěn lè yì bāng nǐ

■ 저를 좀 도와주세요.
请 帮 帮 我 。
Qǐng bāng bāng wǒ
칭 빵 빵 워

■ 저를 좀 도와주시겠어요?
请 帮 我 一 下, 好 吗 ?
Qǐng bāng wǒ yí xià hǎo ma
칭 빵 워 이 씨아, 하오 마

■ 당신의 도움이 꼭 필요합니다.
我 非 常 需 要 你 的 帮 助 。
Wǒ fēi cháng xū yào nǐ de bāng zhù
워 페이 창 쒸 야오 니 더 빵 쭈

■ 도움이 필요할 때 전화해도 될까요?
我 要 是 有 事 求 你, 可 以 给 你 打 电 话 吗 ?
Wǒ yào shì yǒu shì qiú nǐ kě yǐ gěi nǐ dǎ diàn huà ma
워 야오 쓰 요우 쓰 치우 니, 커 이 게이 니 다 띠앤 화 마

■ 짐 꾸리는 것을 좀 도와주실래요?
你 可 不 可 以 帮 我 包 一 下 行 李 ?
Nǐ kě bù kě yǐ bāng wǒ bāo yí xià xíng li
니 커 뿌 커 이 빵 워 빠오 이 씨아 싱 리

■ 이거 어떻게 작동하는지 알려주실래요?
请 问, 这 个 怎 么 打 开 ?
Qǐng wèn zhè ge zěn me dǎ kāi
칭 원, 쩌 거 전 머 다 카이

- 이 일 좀 도와주실래요?
    这件事请你帮我, 好吗?
    Zhè jiàn shì qǐng nǐ bāng wǒ hǎo ma
    쩌 찌앤 쓰 칭 니 빵 워, 하오 마

- 제가 도와드릴게요.
    我来帮你。
    Wǒ lái bāng nǐ
    워 라이 빵 니

- 제가 필요하면, 언제든지 부르세요.
    你有事, 请随时叫我。
    Nǐ yǒu shì qǐng suí shí jiào wǒ
    니 요우 쓰, 칭 수이 스 찌아오 워

- 기꺼이 도와드릴게요.
    我很乐意帮你。
    Wǒ hěn lè yì bāng nǐ
    워 헌 러 이 빵 니

- 혼자 할 수 있어요.
    我能自己做。
    Wǒ néng zì jǐ zuò
    워 넝 쯔 지 쭤

- 괜찮아요, 말이라도 고마워요.
    不用了, 谢谢你。
    Bú yòng le xiè xie nǐ
    부 용 러, 씨에 시에 니

- 고맙지만, 사양할게요.
    谢谢, 不用了。
    Xiè xie bú yòng le
    씨에 시에, 부 용 러

당신의 충고가 필요해요. 我 需 要 你 的 帮 助 。
Wǒ xū yào nǐ de bāng zhù

좋은 생각이 있어요. 我 有 一 个 好 主 意 。
Wǒ yǒu yí ge hǎo zhǔ yi

■ 제가 한 마디 해도 될까요?
我 可 以 说 一 句 吗 ？
Wǒ kě yǐ shuō yí jù ma
워 커 이 쑤오 이 쮜 마

■ 제안 하나 해도 될까요?
我 可 以 提 一 个 建 议 吗 ？
Wǒ kě yǐ tí yí ge jiàn yì ma
워 커 이 티 이 거 찌앤 이 마

■ 좋은 수가 있습니다.
我 有 一 个 好 办 法 啦 。
Wǒ yǒu yí ge hǎo bàn fǎ la
워 요우 이 거 하오 빤 파 라

■ 제게 좋은 생각이 있습니다.
我 有 一 个 好 主 意 。
Wǒ yǒu yí ge hǎo zhǔ yi
워 요우 이 거 하오 주 이

■ 한 가지 제안을 드려도 되겠습니까?
我 可 以 提 一 个 建 议 吗 ？
Wǒ kě yǐ tí yí ge jiàn yì ma
워 커 이 티 이 거 찌앤 이 마

■ 제 소견을 말씀드리겠어요.
我 来 发 表 一 下 我 的 意 见 。
Wǒ lái fā biǎo yí xià wǒ de yì jiàn
워 라이 파 비아오 이 씨아 워 더 이 찌앤

■ 어떻게 그런 생각을 다 했어요?

你怎么会想出那样的法子的?
Nǐ zěn me huì xiǎng chū nà yàng de fá zi de
니 전 머 후이 시앙 추 나 양 더 파 즈 더

■ 충고 좀 해도 될까요?

我可以给你个忠告吗?
Wǒ kě yǐ gěi nǐ gè zhōng gào ma
워 커 이 게이 니 꺼 쭝 까오 마

■ 당신의 충고가 필요해요.

我需要你的帮助。
Wǒ xū yào nǐ de bāng zhù
워 쒸 야오 니 더 빵 쭈

■ 이미 벌어진 일은 잊어버리세요.

既然发生了就忘掉吧。
Jì rán fā shēng le jiù wàng diào ba
찌 란 파 썽 러 찌우 왕 띠아오 바

■ 최선을 다해서 열심히 하세요.

要尽你所能地去做。
Yào jìn nǐ suǒ néng de qù zuò
야오 찐 니 수오 넝 더 취 쮜

■ 당신의 꿈을 포기하지 마세요.

请不要放弃你的理想。
Qǐng bú yào fàng qì nǐ de lǐ xiǎng
칭 부 야오 팡 치 니 더 리 시앙

■ 시작하기에 결코 늦지 않았어요.

现在开始还不算太晚。
Xiàn zài kāi shǐ hái bú suàn tài wǎn
씨앤 짜이 카이 스 하이 부 쑤안 타이 완

요청이나 부탁할 때

부탁해도 될까요? 我可以请你帮忙吗?
Wǒ kě yǐ qǐng nǐ bāng máng ma

말씀해 보세요. 你说吧。
Nǐ shuō ba

■ 부탁을 해도 될까요?
我可以请你帮忙吗?
Wǒ kě yǐ qǐng nǐ bāng máng ma
워 커 이 칭 니 빵 망 마

■ 개인적인 부탁 하나 해도 되겠습니까?
我可以请你帮个忙吗?
Wǒ kě yǐ qǐng nǐ bāng gè máng ma
워 커 이 칭 니 빵 꺼 망 마

■ 이 짐을 운반해 주십시오.
请帮我搬运一下这个行李。
Qǐng bāng wǒ bān yùn yí xià zhè ge xíng li
칭 빵 워 빤 윈 이 씨아 쩌 거 싱 리

■ 택시 좀 불러주시겠어요?
请帮我叫辆出租汽车, 好吗?
Qǐng bāng wǒ jiào liàng chū zū qì chē hǎo ma
칭 빵 워 찌아오 리앙 추 쭈 치 처, 하오 마

■ 팬을 좀 빌릴 수 있나요?
我可以借一下你的笔吗?
Wǒ kě yǐ jiè yí xià nǐ de bǐ ma
워 커 이 찌에 이 씨아 니 더 비 마

■ 차를 태워주실 수 있나요?
麻烦你开车送我, 好吗?
Má fán nǐ kāi chē sòng wǒ hǎo ma
마 판 니 카이 처 쏭 워, 하오 마

■ 저희 집 애를 좀 봐주시겠어요?

你能帮我照看一下我的小孩儿吗?
Nǐ néng bāng wǒ zhào kàn yí xià wǒ de xiǎo háir ma
니 넝 빵 워 짜오 칸 이 씨아 워 더 시아오 할 마

■ 차가운 물 한잔 주시겠어요?

请你给我一杯冰凉水,好吗?
Qǐng nǐ gěi wǒ yì bēi bīng liáng shuǐ hǎo ma
칭 니 게이 워 이 뻬이 삥 리앙 수이, 하오 마

■ 짐을 좀 보관해 주실래요?

请你帮我保管一下行李,好吗?
Qǐng nǐ bāng wǒ bǎo guǎn yí xià xíng li hǎo ma
칭 니 빵 워 바오 구안 이 씨아 싱 리, 하오 마

■ 돈을 좀 빌릴 수 있나요?

你可以借给我一些钱吗?
Nǐ kě yǐ jiè gěi wǒ yì xiē qián ma
니 커 이 찌에 워 이 씨에 치앤 마

■ 말씀해 보세요, 기꺼이 해드릴게요.

你说吧,我一定帮你。
Nǐ shuō ba wǒ yí dìng bāng nǐ
니 쑤오 바, 워 이 띵 빵 니

■ 제게 더 부탁할 거 없으세요?

你还有要我帮忙的吗?
Nǐ hái yǒu yào wǒ bāng máng de ma
니 하이 요우 야오 워 빵 망 더 마

■ 제가 바빠서 당신 부탁을 들어줄 시간이 없군요.

我很忙,帮不了你。
Wǒ hěn máng bāng bù liǎo nǐ
워 헌 망, 빵 뿌 리아오 니

표현문형

동행해도 될까요?　我可以陪你去吗？
　　　　　　　　　Wǒ kě yǐ péi nǐ qù ma

좋아요.　好的。
　　　　Hǎo de

■ 잠깐 실례하겠습니다.
　不好意思。
　Bù hǎo yì si
　뿌 하오 이 스

■ 여기 앉아도 될까요?
　我可以坐这儿吗？
　Wǒ kě yǐ zuò zhèr ma
　워 커 이 쭤 쩔 마

■ 저와 자리 좀 바꿔주시겠어요?
　麻烦你跟我换一下位子, 好吗？
　Má fán nǐ gēn wǒ huàn yí xià wèi zi hǎo ma
　마 판 니 껀 워 환 이 씨아 웨이 즈, 하오 마

■ 들어가도 될까요? 금방이면 되는데요.
　我可以进去吗？一会儿就好。
　Wǒ kě yǐ jìn qù ma Yí huìr jiù hǎo
　워 커 이 찐 취 마? 이 후얼 찌우 하오

■ 화장실을 사용해도 될까요?
　我可以用一下洗手间吗？
　Wǒ kě yǐ yòng yí xià xǐ shǒu jiān ma
　워 커 이 용 이 씨아 시 소우 찌앤 마

■ 이것 좀 빌릴 수 있어요?
　这个我可以借一下吗？
　Zhè ge wǒ kě yǐ jiè yí xià ma
　쩌 거 워 커 이 찌에 이 씨아 마

- 전화 좀 사용할 수 있을까요?

 我 可 以 用 一 下 电 话 吗？
 Wǒ kě yǐ yòng yí xià diàn huà ma
 워 커 이 용 이 씨아 띠앤 화 마

- 실례지만, 옆으로 좀 가주세요.

 不 好 意 思，请 靠 边 一 点 儿。
 Bù hǎo yì si qǐng kào biān yì diǎnr
 뿌 하오 이 스, 칭 카오 삐앤 이 디알

- 여기서 잠깐 기다려 주세요.

 请 在 这 儿 稍 等 一 下。
 Qǐng zài zhèr shāo děng yí xià
 칭 짜이 쩔 싸오 덩 이 씨아

- 제가 동행해도 될까요?

 我 可 以 陪 你 去 吗？
 Wǒ kě yǐ péi nǐ qù ma
 워 커 이 페이 니 취 마

- 당신 사진을 찍어도 되겠습니까?

 我 可 以 给 你 照 张 相 吗？
 Wǒ kě yǐ gěi nǐ zhào zhāng xiàng ma
 워 커 이 게이 니 짜오 짱 씨앙 마

- 창문을 열어도 되겠습니까?

 我 开 窗 户 可 以 吗？
 Wǒ kāi chuāng hu kě yǐ ma
 워 카이 추앙 후 커 이 마

- 담배를 피워도 될까요?

 我 可 以 抽 烟 吗？
 Wǒ kě yǐ chōu yān ma
 워 커 이 초우 이앤 마

표현문형

어떻게 이럴 수 있어요?　你 怎 么 可 以 这 样 ?
　　　　　　　　　　　　Nǐ zěn me kě yǐ zhè yàng

그건 오해입니다.　那 是 误 会 。
　　　　　　　　　Nà shì wù huì

■ 어떻게 하면 오해를 풀 수 있을까요?
　怎 么 样 才 能 解 除 误 会 呢 ?
　Zěn me yàng cái néng jiě chú wù huì ne
　전 머 양 차이 넝 지에 추 우 후이 너

■ 제 말 오해하지 마세요.
　请 你 不 要 误 会 我 的 话 。
　Qǐng nǐ bú yào wù huì wǒ de huà
　칭 니 부 야오 우 후이 워 더 화

■ 어떻게 된 일이야?
　是 怎 么 一 回 事 ?
　Shì zěn me yì huí shì
　쓰 전 머 이 후이 쓰

■ 어떻게 이럴 수가 있어요?
　你 怎 么 可 以 这 样 ?
　Nǐ zěn me kě yǐ zhè yàng
　니 전 머 커 이 쩌 양

■ 그건 오해입니다.
　那 是 误 会 。
　Nà shì wù huì
　나 쓰 우 후이

■ 어째서 그런 얘기를 믿게 되었어요?
　你 怎 么 能 相 信 那 样 的 话 ?
　Nǐ zěn me néng xiāng xìn nà yàng de huà
　니 전 머 넝 시앙 씬 나 양 더 화

■ 도대체 무슨 말을 하려는 거예요?
你到底要说什么？
Nǐ dào dǐ yào shuō shén me
니 따오 디 야오 쑤오 선 머

■ 빙빙 돌리지 말고 말해!
你别绕圈子啦，直说吧！
Nǐ bié rào quān zi la zhí shuō ba
니 비에 라오 취앤 즈 라, 즈 쑤오 바

■ 당신 들으라고 한 소리가 아니에요.
我不是说给你听的。
Wǒ bú shì shuō gěi nǐ tīng de
워 부 쓰 쑤오 게이 니 팅 더

■ 그런 뜻이 아니에요.
我不是那个意思。
Wǒ bú shì nà ge yì si
워 부 쓰 나 거 이 스

생생 키워드 긍정과 부정의 대답을 어떻게 표현하는지 알아보죠.

알겠습니다. 知道了。[Zhī dào le] 즈 따오 러
당연하죠! 那当然! [Nà dāng rán] 나 땅 란
됩니다. 行。[Xíng] 싱 / 可以。[Kě yǐ] 커 이
저도 그래요. 我也一样。[Wǒ yě yí yàng] 워 이에 이 양
네, 그래요. 是的，好吧。[Shì de hǎo ba] 쓰 더. 하오 바
네. 好的。[Hǎo de] 하오 더   맞습니다. 对。[Duì] 뚜이
아니오. 不是。[Bú shì] 부 쓰   틀립니다. 不对。[Bú duì] 부 뚜이
안 됩니다. 不行。[Bù xíng] 뿌 싱 / 不可以。[Bù kě yǐ] 뿌 커 이

말이 잘 통하지 않을 때

표현문형

뭐라고 그러셨어요? 你说什么？
Nǐ shuō shén me

전 중국어를 잘하지 못해요. 我汉语说得不好。
Wǒ Hàn yǔ shuō de bù hǎo

■ 뭐라고 그러셨나요?
你说什么？
Nǐ shuō shén me
니 쑤오 선 머

■ 그게 무슨 뜻이죠?
那是什么意思啊？
Nà shì shén me yì si a
나 쓰 선 머 이 스 아

■ 이해할 수가 없군요.
我没有办法理解。
Wǒ méi yǒu bàn fǎ lǐ jiě
워 메이 요우 빤 파 리 지에

■ 다시 한번 말해 주실래요?
请再说一遍，行吗？
Qǐng zài shuō yí biàn xíng ma
칭 짜이 쑤오 이 삐앤, 싱 마

■ 그 내용을 종이에 적어주실래요?
请把那个内容写在纸上，好吗？
Qǐng bǎ nà ge nèi róng xiě zài zhǐ shàng hǎo ma
칭 바 나 거 네이 롱 시에 짜이 즈 쌍, 하오 마

■ 더 천천히 말씀해 주실래요?
请你说得再慢一点儿，好吗？
Qǐng nǐ shuō de zài màn yì diǎnr hǎo ma
칭 니 쑤오 더 짜이 만 이 디알, 하오 마

■ 그 말을 영어로 뭐라고 합니까?

这句话用英语怎么说啊？

Zhè jù huà yòng Yīng yǔ zěn me shuō a

쩌 쮜 화 용 잉 위 전 머 쑤오 아

■ 조금 더 큰소리로 말씀해 주시겠어요?

请你再大一点儿声，好吗？

Qǐng nǐ zài dà yì diǎnr shēng hǎo ma

칭 니 짜이 따 이 디알 성, 하오 마

■ 당신이 말하는 게 내겐 너무 빨라요.

你讲话，我听起来太快啦。

Nǐ jiǎng huà wǒ tīng qǐ lái tài kuài la

니 지앙 화, 워 팅 치 라이 타이 콰이 라

■ 나는 중국어를 잘하지 못합니다.

我汉语说得不好。

Wǒ Hàn yǔ shuō de bù hǎo

워 한 위 쑤오 더 뿌 하오

■ 방금 뭐라고 하셨어요?

你刚刚说什么来着？

Nǐ gāng gāng shuō shén me lái zhe

니 깡 깡 쑤오 선 머 라이 저

■ 좀 더 알기 쉽게 설명해 주실래요?

请你说得再清楚一点儿？

Qǐng nǐ shuō de zài qīng chǔ yì diǎnr

칭 니 쑤오 더 짜이 칭 추 이 디알

■ 다시 한번 설명해 주시겠어요?

请你再给我说明一遍，好吗？

Qǐng nǐ zài gěi wǒ shuō míng yí biàn hǎo ma

칭 니 짜이 게이 워 쑤오 밍 이 삐앤, 하오 마

Circumstance Chinese

우리가 생활을 하다보면 이런저런 상황에 부딪치게 되죠. 손님도 초대하고 아프면 병원에도 가고, 우체국에서 편지를 보내고 은행을 이용할 때도 있습니다. 이 장에서는 손님을 초대하고 접대할 때, 술 한잔 즐길 때, 패스트푸드점, 우체국, 은행, 병원, 약국, 세탁소, 미용실 이용할 때, 결혼식, 장례식, 경찰서에서 도움을 청할 때 등 상황별, 장소별로 바로바로 찾아서 즉석에서 활용할 수 있는 표현을 담았습니다.

Chapter **5**

바로바로 골라 쓴다!
생생 상황중국어

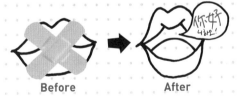

Before ➡ After

표현문형

밥 언제 먹어요? 什么时候吃饭啊?
Shén me shí hòu chī fàn a

저녁상 다 차렸어요. 晚饭都上齐了。
Wǎn fàn dōu shàng qí le

■ 우리 오늘 저녁 메뉴는 뭐예요?
我们今晚吃什么?
Wǒ men jīn wǎn chī shén me
워 먼 짠 완 츠 선 머

■ 냉장고에 남은 음식이 있어요.
冰箱里边有吃剩的东西。
Bīng xiāng lǐ biān yǒu chī shèng de dōng xi
삥 씨앙 리 삐앤 요우 츠 썽 더 똥 시

■ 당신을 위해 한국음식을 만들어 드릴게요.
我做韩国饭菜给你吃。
Wǒ zuò Hán guó fàn cài gěi nǐ chī
워 쮜 한 구오 판 차이 게이 니 츠

■ 배고파 죽겠어요. 밥 언제 먹어요?
我要饿死了。什么时候吃饭啊?
Wǒ yào è sǐ le Shén me shí hòu chī fàn a
워 야오 어 스 러. 선 머 스 호우 츠 판 아

■ 저녁준비 거의 됐어요.
晚饭马上要做好了。
Wǎn fàn mǎ shàng yào zuò hǎo le
완 판 마 쌍 야오 쮜 하오 러

■ 저녁상 다 차렸어요.
晚饭都上齐了。
Wǎn fàn dōu shàng qí le
완 판 또우 쌍 치 러

- 밥 좀 더 주세요.
  再 给 点 儿 饭 。
  Zài gěi diǎnr fàn
  짜이 게이 디알 판

- 국 한 그릇 더 주세요.
  再 给 碗 汤 。
  Zài gěi wǎn tāng
  짜이 게이 완 탕

- 맛있게 잘 먹었습니다.
  吃 得 很 好 。
  Chī de hěn hǎo
  츠 더 헌 하오

- 저 먼저 일어나도 될까요?
  我 先 告 辞 了 ?
  Wǒ xiān gào cí le
  워 씨앤 까오 츠 러

- 중국요리 시켜 먹어요.
  叫 中 国 饭 菜 吃 吧 。
  Jiào Zhōng guó fàn cài chī ba
  찌아오 쯍 구오 판 차이 츠 바

- 지금 주문하면 언제 배달되나요?
  现 在 叫 的 话 什 么 时 候 能 到 啊 ?
  Xiàn zài jiào de huà shén me shí hòu néng dào a
  씨앤 짜이 찌아오 더 화 선 머 스 호우 넝 따오 아

 생생키워드 일상의 생활을 표현하는 말을 알아보죠.

잠이 깨다　**睡醒** [shuì xǐng] 쑤이 싱
이를 닦다　**刷牙** [shuā yá] 쑤아 야
세수하다　**洗脸** [xǐ liǎn] 시 리앤　　밥을 먹다　**吃饭** [chī fàn] 츠 판
출근하다　**上班** [shàng bān] 쌍 빤　　일하다　**工作** [gōng zuò] 꽁 쭤
쉬다　**休息** [xiū xi] 씨우 시　　외출하다　**出去** [chū qù] 추 취
잠자다　**睡觉** [shuì jiào] 쑤이 찌아오　　꿈 꾸다　**做梦** [zuò mèng] 쭤 멍
신문을 보다　**看报纸** [kàn bào zhǐ] 칸 빠오 즈
일기를 쓰다　**写日记** [xiě rì jì] 시에 르 찌

64 초대할 때

토요일에 개업식이 있어요.　周六有开业典礼。
Zhōu liù yǒu kāi yè diǎn lǐ

꼭 가겠습니다.　我一定去。
Wǒ yí dìng qù

■ 당신을 우리 집에 초대하고 싶습니다.
我们想请你来我们家。
Wǒ men xiǎng qǐng nǐ lái wǒ men jiā
워 먼 시앙 칭 니 라이 워 먼 찌아

■ 들어와서 차나 한잔 하고 가세요.
进来喝杯茶吧。
Jìn lái hē bēi chá ba
찐 라이 허 뻬이 차 바

■ 제 생일 파티에 오실래요?
你能参加我的生日聚会吗？
Nǐ néng cān jiā wǒ de shēng rì jù huì ma
니 넝 찬 찌아 워 더 썽 르 쮜 후이 마

■ 이번 주말에 모임이 있는데, 올래요?
这个周末有聚会，你来吗？
Zhè ge zhōu mò yǒu jù huì nǐ lái ma
쩌 거 쪼우 모 요우 쮜 후이, 니 라이 마

■ 토요일에 개업식이 있는데, 오실래요?
周六有开业典礼，你来吗？
Zhōu liù yǒu kāi yè diǎn lǐ nǐ lái ma
쪼우 리우 요우 카이 이에 디앤 리, 니 라이 마

■ 당신을 파티에 초대하고 싶어요.
我想请你来参加派对。
Wǒ xiǎng qǐng nǐ lái cān jiā pài duì
워 시앙 칭 니 라이 찬 찌아 파이 뚜이

■ 초대해 주셔서 감사합니다.
多谢你的邀请。
Duō xiè nǐ de yāo qǐng
뚜오 씨에 니 더 야오 칭

■ 꼭 가겠습니다.
我一定去。
Wǒ yí dìng qù
워 이 띵 취

■ 좋아요, 재미있겠어요.
好的, 一定很有意思。
Hǎo de   yí dìng hěn yǒu yì si
하오 더, 이 띵 헌 요우 이 스

■ 유감스럽지만, 참석하지 못할 것 같군요.
很可惜, 恐怕我不能参加。
Hěn kě xī   kǒng pà wǒ bù néng cān jiā
헌 커 씨, 콩 파 워 뿌 넝 찬 찌아

■ 초대는 고맙지만, 시간이 안 될 것 같아요.
很感谢你的邀请, 可惜时间不行。
Hěn gǎn xiè nǐ de yāo qǐng   kě xī shí jiān bù xíng
헌 간 씨에 니 더 야오 칭, 커 씨 스 찌앤 뿌 싱

생생키워드 사람을 만나고 관계를 맺는 표현을 알아보죠.

인사하다	打招呼 [dǎ zhāo hu] 다 짜오 후		
약속하다	约定 [yuē dìng] 위에 띵	초대하다	邀请 [yāo qǐng] 야오 칭
방문하다	访问 [fǎng wèn] 팡 원	환영하다	欢迎 [huān yíng] 후안 잉
마중하다	接 [jiē] 찌에	배웅하다	送 [sòng] 쏭
거절하다	拒绝 [jù jué] 쮜 쮀에	싸움하다	打架 [dǎ jià] 다 찌아
화해하다	和好 [hé hǎo] 허 하오	상담하다	洽谈 [qià tán] 치아 탄
충고하다	忠告 [zhōng gào] 쭝 까오		
부탁하다	拜托 [bài tuō] 빠이 투오		

손님 접대하기

표현문형

저희 집에 오신 걸 환영해요. 欢迎你来我们家。
Huān yíng nǐ lái wǒ men jiā

꽃을 좀 사왔어요. 我买来了一些花。
Wǒ mǎi lái le yì xiē huā

■ 저희 집에 오신 걸 환영합니다.
欢迎你来我们家。
Huān yíng nǐ lái wǒ men jiā
후안 잉 니 라이 워 먼 찌아

■ 기다리고 있었어요.
我一直在等你。
Wǒ yì zhí zài děng nǐ
워 이 즈 짜이 덩 니

■ 여기 오게 돼서 저도 기뻐요.
我也很开心到这里来。
Wǒ yě hěn kāi xīn dào zhè lǐ lái
워 이에 헌 카이 씬 따오 쩌 리 라이

■ 꽃을 좀 사왔어요.
我买来了一些花。
Wǒ mǎi lái le yì xiē huā
워 마이 라이 러 이 씨에 후아

■ 외투를 이곳에 거세요.
把外套挂在这里。
Bǎ wài tào guà zài zhè lǐ
바 와이 타오 꽈 짜이 쩌 리

■ 편안히 앉으세요.
请随便坐。
Qǐng suí biàn zuò
칭 수이 삐앤 쭤

■ 마실 걸 좀 드시겠어요?

你要喝点儿什么呀?
Nǐ yào hē diǎnr shén me ya
니 야오 허 디알 선 머 야

■ 저녁이 준비됐습니다.

晚饭做好了。
Wǎn fàn zuò hǎo le
완 판 쮜 하오 러

■ 한국음식 좋아하세요?

你喜欢吃韩国饭菜吗?
Nǐ xǐ huān chī Hán guó fàn cài ma
니 시 후안 츠 한 구오 판 차이 마

■ 식기 전에 드세요.

趁热吃吧。
Chèn rè chī ba
천 러 츠 바

■ 마음껏 많이 드세요.

请随便吃。
Qǐng suí biàn chī
칭 수이 삐앤 츠

■ 다음에 또 저희 집에 오세요.

下回请再来我们家。
Xià huí qǐng zài lái wǒ men jiā
씨아 후이 칭 짜이 라이 워 먼 찌아

■ 운전 조심하세요.

开车要小心。
Kāi chē yào xiǎo xīn
카이 처 야오 시아오 씬

술 한잔 즐길 때

표현문형

술이 점점 취하는 것 같아요. 我想我是醉了。
Wǒ xiǎng wǒ shì zuì le

자, 건배해요! 来，干杯！
Lái gān bēi

■ 어디서 맥주나 한잔 해요.
我们去喝杯啤酒吧。
Wǒ men qù hē bēi pí jiǔ ba
워 먼 취 허 뻬이 피 지우 바

■ 여긴 제가 제일 좋아하는 술집 중 하나예요.
这里是我最喜欢的一家酒吧。
Zhè lǐ shì wǒ zuì xǐ huān de yì jiā jiǔ ba
쩌 리 쓰 워 쭈이 시 후안 더 이 찌아 지우 바

■ 어떤 걸로 마실래요?
你想喝什么酒？
Nǐ xiǎng hē shén me jiǔ
니 시앙 허 선 머 지우

■ 저는 얼음 넣은 위스키 한잔 주세요.
我要一杯加冰块儿的威士忌。
Wǒ yào yì bēi jiā bīng kuàir de wēi shì jì
워 야오 이 뻬이 찌아 삥 쿠알 더 웨이 쓰 찌

■ 맥주 한 병 더 주세요.
再给我一杯啤酒。
Zài gěi wǒ yì bēi pí jiǔ
짜이 게이 워 이 뻬이 피 지우

■ 한국에서는 맥주나 소주가 일반적이에요.
在韩国我一般喝啤酒或者烧酒。
Zài Hán guó wǒ yì bān hē pí jiǔ huò zhě shāo jiǔ
짜이 한 구오 워 이 빤 허 피 지우 후오 저 싸오 지우

■ 한국 소주 마셔본 적 있어요?
你喝过韩国的烧酒吗?
Nǐ hē guò Hán guó de shāo jiǔ ma
니 허 꿔 한 구오 더 싸오 지우 마

■ 자, 건배해요!
来,干杯!
Lái gān bēi
라이, 깐 뻬이

■ 술 마시는 거 좋아하세요?
你喜欢喝酒吗?
Nǐ xǐ huān hē jiǔ ma
니 시 후안 허 지우 마

■ 맞아요, 술 마시는 거 아주 좋아해요.
对,我很喜欢喝酒。
Duì wǒ hěn xǐ huān hē jiǔ
뚜이, 워 헌 시 후안 허 지우

■ 맥주 한잔 더 드실래요?
要不要再喝杯啤酒?
Yào bú yào zài hē bēi pí jiǔ
야오 부 야오 짜이 허 뻬이 피 지우

■ 저는 술이 점점 취하는 것 같아요.
我想我是醉了。
Wǒ xiǎng wǒ shì zuì le
워 시앙 워 쓰 쭈이 러

■ 2차 갑시다!
我们再去哪儿吧!
Wǒ men zài qù nǎr ba
워 먼 짜이 취 나얼 바

표현문형

치즈버거 주세요. 我要奶酪汉堡。
Wǒ yào nǎi lào hàn bǎo

이제 주문 다 하셨어요? 现在都点好了吗?
Xiàn zài dōu diǎn hǎo le ma

■ 3번 세트 메뉴 주세요.
我要三号套餐。
Wǒ yào sān hào tào cān
워 야오 싼 하오 타오 찬

■ 치즈버거 주세요.
我要奶酪汉堡。
Wǒ yào nǎi lào hàn bǎo
워 야오 나이 라오 한 바오

■ 보통 사이즈로 드릴까요, 큰 사이즈로 드릴까요?
您要大的还是小的?
Nín yào dà de hái shì xiǎo de
닌 야오 따 더 하이 쓰 시아오 더

■ 음료수는 어떤 걸로 드릴까요?
您要什么样的饮料?
Nín yào shén me yàng de yǐn liào
닌 야오 선 머 양 더 인 리아오

■ 콜라 한 잔 주세요.
请给我一杯可乐。
Qǐng gěi wǒ yì bēi kě lè
칭 게이 워 이 뻬이 커 러

■ 콘 샐러드 주세요.
我要玉米沙拉。
Wǒ yào yù mǐ shā lā
워 야오 위 미 싸 라

■ 감자튀김 주세요.

我要炸土豆条。
Wǒ yào zhá tǔ dòu tiáo
워 야오 자 투 또우 티아오

■ 케첩을 좀 더 주세요.

再给点儿藩茄酱。
Zài gěi diǎnr fān qié jiàng
짜이 게이 디알 판 치에 찌앙

■ 이제 주문 다 하셨어요?

现在都点好了吗?
Xiàn zài dōu diǎn hǎo le ma
씨앤 짜이 또우 디앤 하오 러 마

■ 여기서 드시겠어요, 아니면 가져가시겠어요?

在这里吃还是拿走?
Zài zhè lǐ chī hái shì ná zǒu
짜이 쩌 리 츠 하이 쓰 나 조우

■ 포장해 주세요.

请给我打包。
Qǐng gěi wǒ dǎ bāo
칭 게이 워 다 빠오

■ 음료 리필은 무료인가요?

饮料喝完再喝是免费吗?
Yǐn liào hē wán zài hē shì miǎn fèi ma
인 리아오 허 완 짜이 허 쓰 미앤 페이 마

■ 리필은 저쪽에서 하세요.

请到那边去再要饮料吧。
Qǐng dào nà biān qù zài yào yǐn liào ba
칭 따오 나 삐앤 취 짜이 야오 인 리아오 바

표현문형

빠른우편으로 부치고 싶어요. 我想寄快件。
Wǒ xiǎng jì kuài jiàn

알겠습니다. 知道了。
Zhī dào le

■ 빠른우편으로 부치고 싶어요.
我 想 寄 快 件。
Wǒ xiǎng jì kuài jiàn
워 시앙 찌 콰이 찌앤

■ 언제 도착하나요?
什 么 时 候 到 啊?
Shén me shí hòu dào a
썬 머 스 호우 따오 아

■ 판매용 기념우표 있어요?
有 用 于 销 售 的 纪 念 邮 票 吗?
Yǒu yòng yú xiāo shòu de jì niàn yóu piào ma
요우 용 위 씨아오 쏘우 더 찌 니앤 요우 피아오 마

■ 이 엽서를 한국으로 보내고 싶어요.
我 想 把 这 张 明 信 片 寄 到 韩 国 去。
Wǒ xiǎng bǎ zhè zhāng míng xìn piàn jì dào Hán guó qù
워 시앙 바 쩌 짱 밍 씬 피앤 찌 따오 한 구오 취

■ 한국까지 선박편으로 보내주세요.
请 用 船 运 寄 到 韩 国。
Qǐng yòng chuán yùn jì dào Hán guó
칭 용 추안 윈 찌 따오 한 구오

■ 모두 항공편으로 보내주세요.
请 全 部 寄 航 空 快 件。
Qǐng quán bù jì háng kōng kuài jiàn
칭 취앤 뿌 찌 항 콩 콰이 찌앤

■ 이 편지를 등기로 해주세요.
这封信请寄挂号。
Zhè fēng xìn qǐng jì guà hào
쩌 펑 씬 칭 찌 꽈 하오

■ 요금은 얼마인가요?
邮费是多少啊?
Yóu fèi shì duō shao a
요우 페이 쓰 뚜오 사오 아

■ 이 소포를 한국에 보내고 싶습니다.
我想把这个包裹寄往韩国。
Wǒ xiǎng bǎ zhè ge bāo guǒ jì wǎng Hán guó
워 시앙 바 쩌 거 빠오 구오 찌 왕 한 구오

■ 소포를 보험에 들어주세요.
你的包裹要加入保险。
Nǐ de bāo guǒ yào jiā rù bǎo xiǎn
니 더 빠오 구오 야오 찌아 루 바오 시앤

생생 키워드 우체국 관련 표현을 알아보죠.

우체국 邮局 [yóu jú] 요우 쥐　　우체통 邮筒 [yóu tǒng] 요우 통
속달우편 快信 [kuài xìn] 콰이 씬　소포 包裹 [bāo guǒ] 빠오 구오
발신인 寄信人 [jì xìn rén] 찌 씬 런
수신인 抬头人 [tái tóu rén] 타이 토우 런
우표 邮票 [yóu piào] 요우 피아오
(우편)엽서 明信片 [míng xìn piàn] 밍 씬 피앤
항공우편 航空信 [háng kōng xìn] 항 콩 씬
등기우편 挂号信 [guà hào xìn] 꽈 하오 씬

어떻게 돈을 인출하나요?　怎么取钱啊 ?
Zěn me qǔ qián a

비밀번호를 입력하세요.　请输入密码。
Qǐng shū rù mì mǎ

■ 오늘 환율은 어떤가요?
　　今天的汇率是多少啊 ?
　　Jīn tiān de huì lǜ shì duō shao a
　　찐 티앤 더 후이 뤼 쓰 뚜오 사오 아

■ 환전 수수료는 얼마인가요?
　　兑换手续费是多少 ?
　　Duì huàn shǒu xù fèi shì duō shao
　　뚜이 환 소우 쒸 페이 쓰 뚜오 사오

■ 1달러에 인민폐는 얼마인가요?
　　请问,一美金是多少人民币啊 ?
　　Qǐng wèn　yì měi jīn shì duō shao rén mín bì a
　　칭 원, 이 메이 찐 쓰 뚜오 사오 런 민 삐 아

■ 이 달러를 인민폐로 바꿔주세요.
　　请把这个美金换成人民币。
　　Qǐng bǎ zhè ge měi jīn huàn chéng rén mín bì
　　칭 바 쩌 거 메이 찐 환 청 런 민 삐

■ 이 여행자수표를 현금으로 바꾸고 싶어요.
　　我想把这旅行支票换成现金。
　　Wǒ xiǎng bǎ zhè lǚ xíng zhī piào huàn chéng xiàn jīn
　　워 시앙 바 쩌 뤼 싱 쯔 피아오 환 청 씨앤 찐

■ 지폐를 동전으로 바꿔주시겠어요?
　　请把纸币换成硬币,好吗 ?
　　Qǐng bǎ zhǐ bì huàn chéng yìng bì　hǎo ma
　　칭 바 즈 삐 환 청 잉 삐, 하오 마

■ 예금하려고 해요.
　我 要 存 款。
　Wǒ yào cún kuǎn
　워 야오 춘 쿠안

■ 예금을 인출하고 싶어요.
　我 要 把 钱 取 出 来。
　Wǒ yào bǎ qián qǔ chū lái
　워 야오 바 치앤 취 추 라이

■ 통장을 개설하고 싶어요.
　我 想 做 个 存 折。
　Wǒ xiǎng zuò gè cún zhé
　워 시앙 쭤 꺼 춘 저

■ 어떻게 입금을 하나요?
　怎 么 样 入 款 啊?
　Zěn me yàng rù kuǎn a
　전 머 양 루 쿠안 아

■ 현금자동인출기를 사용하는데 문제가 생겼어요.
　我 在 使 用 提 款 机 的 时 候 出 问 题 了。
　Wǒ zài shǐ yòng tí kuǎn jī de shí hòu chū wèn tí le
　워 짜이 스 용 티 쿠안 찌 더 스 호우 추 원 티 러

생생
키워드 은행 관련 표현을 알아보죠.

은행　银行 [yín háng] 인 항　　　현금　现金 [xiàn jīn] 씨앤 찐
동전　硬币 [yìng bì] 잉 삐　　　지폐　钞票 [chāo piào] 차오 피아오
ID　用户名 [yòng hù míng] 용 후 밍　비밀번호　密码 [mì mǎ] 미 마
인민폐　人民币 [rén mín bì] 런 민 삐
미국 달러(dollar)　美元 [měi yuán] 메이 위앤
환전하다　换钱 [huàn qián] 환 치앤
신용카드　信用卡 [xìn yòng kǎ] 씬 용 카
여행자 수표　旅行支票 [lǚ xíng zhī piào] 뤼 싱 쯔 피아오

표현문형

어디가 아프세요? 你哪里不舒服啊?
Nǐ nǎ li bù shū fu a

바로 여기가 아파요. 就是这里疼。
Jiù shì zhè lǐ téng

■ 왕 박사님께 진찰 예약을 하고 싶습니다.
我想预约王医生看。
Wǒ xiǎng yù yuē Wáng yī shēng kàn
워 시앙 위 위에 왕 이 썽 칸

■ 한국어를 하실 수 있는 의사선생님이 계신가요?
有没有能讲韩国语的医生啊?
Yǒu méi yǒu néng jiǎng Hán guó yǔ de yī shēng a
요우 메이 요우 넝 지앙 한 구오 위 더 이 썽 아

■ 어디가 아프신가요?
你哪里不舒服啊?
Nǐ nǎ li bù shū fu a
니 나아 리 뿌 쑤 푸 아

■ 바로 여기가 아파요.
就是这里疼。
Jiù shì zhè lǐ téng
찌우 쓰 쩌 리 텅

■ 어젯밤부터 아프기 시작했어요.
从昨晚就开始疼起来了。
Cóng zuó wǎn jiù kāi shǐ téng qǐ lái le
총 주오 완 찌우 카이 스 텅 치 라이 러

■ 속이 쓰리고 소화가 안 돼요.
我胃酸酸的而且不消化。
Wǒ wèi suān suān de ér qiě bù xiāo huà
워 웨이 쑤안 쑤안 더 얼 치에 뿌 씨아오 화

- 설사를 하고 현기증이 있어요.
  我拉肚子而且还头晕。
  Wǒ lā dù zi ér qiě hái tóu yūn
  워 라 뚜 즈 얼 치에 하이 토우 윈

- 발목을 삐었어요.
  我扭伤了脚踝。
  Wǒ niǔ shāng le jiǎo huái
  워 니우 쌍 러 지아오 후아이

- 넘어져서 다리를 다쳤어요.
  我摔伤了腿。
  Wǒ shuāi shāng le tuǐ
  워 쑤아이 쌍 러 투이

- 아픈 원인이 뭔가요, 선생님?
  大夫，是什么原因啊？
  Dài fu shì shén me yuán yīn a
  따이 푸, 쓰 선 머 위앤 인 아

- 언제쯤 나을 수 있을까요?
  什么时候能好啊？
  Shén me shí hòu néng hǎo a
  선 머 스 호우 넝 하오 아

생생 키워드 아픈 증상을 설명할 때 유용한 표현을 알아보죠.

배가 아파요. 我肚子疼。 [Wǒ dù zi téng] 워 뚜 즈 텅
몸살 났어요. 我全身疼痛。 [Wǒ quán shēn téng tòng] 워 취앤 썬 텅 통
열이 많이 났어요. 我发了高烧。 [Wǒ fā le gāo shāo] 워 파 러 까오 싸오
코가 막혔어요. 鼻子堵了。 [Bí zi dǔ le] 비 즈 두 러
변비가 있어요. 我有便秘。 [Wǒ yǒu biàn mì] 워 요우 삐앤 미
눈이 아파요. 我眼睛疼。 [Wǒ yǎn jīng téng] 워 이앤 찡 텅
잇몸에서 피가 나요. 我牙龈出血了。 [Wǒ yá yín chū xiě le] 워 야 인 추 시에 러
편도선이 부었어요. 扁桃腺肿了。 [Biǎn táo xiàn zhǒng le] 삐앤 타오 씨앤 종 러

아스피린 좀 주세요. 请给我阿斯匹林。
Qǐng gěi wǒ ā sī pǐ lín

여기 있어요. 在这儿。
Zài zhèr

■ 약국을 찾고 있어요.
我在找药房。
Wǒ zài zhǎo yào fáng
워 짜이 자오 야오 팡

■ 소독약 좀 있나요?
有没有消毒水儿啊?
Yǒu méi yǒu xiāo dú shuǐr a
요우 메이 요우 씨아오 두 수얼 아

■ 반창고와 붕대 좀 살 수 있나요?
我要买胶布和绷带?
Wǒ yào mǎi jiāo bù hé bēng dài
워 야오 마이 찌아오 뿌 허 뻥 따이

■ 아스피린 좀 주세요.
请给我阿斯匹林。
Qǐng gěi wǒ ā sī pǐ lín
칭 게이 워 아 쓰 피 린

■ 두통약이 있나요?
有没有头痛药?
Yǒu méi yǒu tóu tòng yào
요우 메이 요우 토우 통 야오

■ 진통제 좀 주시겠어요?
请给我镇痛药。
Qǐng gěi wǒ zhèn tòng yào
칭 게이 워 쩐 통 야오

■ 처방대로 약을 지어주세요.
   请按照处方给我开药吧。
   Qǐng àn zhào chǔ fāng gěi wǒ kāi yào ba
   칭 안 짜오 추 팡 게이 워 카이 야오 바

■ 약을 어떻게 복용할까요?
   这个药怎么服用啊?
   Zhè ge yào zěn me fú yòng a
   쩌 거 야오 전 머 푸 용 아

■ 이 약을 하루 몇 차례나 복용해야 하나요?
   这个药一天吃几次啊?
   Zhè ge yào yì tiān chī jǐ cì a
   쩌 거 야오 이 티앤 츠 지 츠 아

■ 식후 30분 후에 한 알 복용하세요.
   饭后三十分后服用一粒。
   Fàn hòu sān shí fēn hòu fú yòng yí lì
   판 호우 싼 스 펀 호우 푸 용 이 리

생생 키워드 병원이나 약국 관련 표현을 알아보죠.

의사	医生 [yī shēng] 이 셩	간호사	护士 [hù shi] 후 스
혈압	血压 [xiè yā] 씨에 야	빈혈	贫血 [pín xiè] 핀 씨에
응급처치	急诊 [jí zhěn] 지 전	알레르기	过敏 [guò mǐn] 꿔 민
약국	药房 [yào fáng] 야오 팡	처방전	药方 [yào fāng] 야오 팡
감기약	感冒药 [gǎn mào yào] 간 마오 야오		
소화제	消化药 [xiāo huà yào] 씨아오 화 야오		
구급차	救护车 [jiù hù chē] 찌우 후 처		
진단서	诊断书 [zhěn duàn shū] 전 뚜안 쑤		

세탁소 이용할 때

표현문형

얼룩이 빠지지 않았어요. 污垢没有去掉。
Wū gòu méi yǒu qù diào

죄송합니다. 不好意思。
Bù hǎo yì si

■ 이 바지를 다리고 싶어요.
我想熨烫这条裤子。
Wǒ xiǎng yùn tàng zhè tiáo kù zi
워 시앙 윈 탕 쩌 티아오 쿠즈

■ 코트를 드라이클리닝 하고 싶어요.
这件大衣我要干洗。
Zhè jiàn dà yī wǒ yào gān xǐ
쩌 찌앤 따 이 워 야오 깐 시

■ 이 양복 금요일까지는 세탁해 주셔야 해요.
这套西装到星期五要干洗完。
Zhè tào xī zhuāng dào xīng qī wǔ yào gān xǐ wán
쩌 타오 씨 쭈앙 따오 씽 치 우 야오 깐 시 완

■ 얼룩 좀 제거해 주실래요?
请把污垢去干净?
Qǐng bǎ wū gòu qù gān jìng
칭 바 우 꼬우 취 깐 찡

■ 옷이 줄어들지는 않겠죠?
衣服不会缩短吧?
Yī fú bú huì suō duǎn ba
이 푸 부 후이 쑤오 두안 바

■ 카펫도 세탁할 수 있나요?
地毯也可以洗吗?
Dì tǎn yě kě yǐ xǐ ma
띠 탄 이에 커 이 시 마

■ 언제 다 될까요?
什 么 时 候 可 以 弄 好 啊 ？
Shén me shí hòu kě yǐ nòng hǎo a
선 머 스 호우 커 이 농 하오 아

■ 세탁물을 찾으러 왔어요.
我 来 取 我 的 衣 物 。
Wǒ lái qǔ wǒ de yī wù
워 라이 취 워 더 이 우

■ 여기 제 세탁확인증이에요.
这 是 我 的 洗 衣 证 。
Zhè shì wǒ de xǐ yī zhèng
쩌 쓰 워 더 시 이 쩡

■ 얼룩이 빠지지 않았어요.
污 垢 没 有 去 掉 。
Wū gòu méi yǒu qù diào
우 꼬우 메이 요우 취 띠아오

■ 바지를 좀 늘려주세요.
请 把 我 的 裤 子 给 改 长 一 点 。
Qǐng bǎ wǒ de kù zi gěi gǎi cháng yì diǎn
칭 바 워 더 쿠 즈 게이 가이 창 이 디앤

■ 치마 길이를 좀 줄여주세요.
请 把 裙 子 的 长 度 给 弄 短 一 点 。
Qǐng bǎ qún zi de cháng dù gěi nòng duǎn yì diǎn
칭 바 췬 즈 더 창 뚜 게이 농 두안 이 디앤

■ 지퍼가 떨어졌어요, 갈아주세요.
拉 链 掉 了 ，请 给 换 一 下 。
Lā liàn diào le qǐng gěi huàn yí xià
라 리앤 띠아오 러, 칭 게이 환 이 씨아

표현문형

어떻게 잘라드릴까요?　你 想 怎 么 剪 头 发 啊 ?
Nǐ xiǎng zěn me jiǎn tóu fà a

머리를 짧게 자르고 싶어요.　我 要 剪 得 短 一 点 。
Wǒ yào jiǎn de duǎn yì diǎn

■ 어떤 헤어스타일을 원하세요?
   你 要 做 什 么 样 的 发 型 啊 ?
   Nǐ yào zuò shén me yàng de fà xíng a
   니 야오 쭤 선 머 양 더 파 싱 아

■ 머리를 좀 풍성하게 하고 싶어요.
   我 想 让 头 发 显 得 多 一 点 。
   Wǒ xiǎng ràng tóu fà xiǎn de duō yì diǎn
   워 시앙 랑 토우 파 시앤 더 뚜오 이 디앤

■ 사진의 여자배우처럼 해주세요.
   要 做 得 跟 照 片 里 的 女 演 员 一 样 。
   Yào zuò de gēn zhào piàn lǐ de nǚ yǎn yuán yí yàng
   야오 쭤 더 껀 짜오 피앤 리 더 뉘 이앤 위앤 이 양

■ 머리를 드라이해 주세요.
   我 要 给 头 发 吹 风 。
   Wǒ yào gěi tóu fà chuī fēng
   워 야오 게이 토우 파 추이 펑

■ 나는 헤어스타일을 바꾸고 싶어요.
   我 想 改 换 发 型 。
   Wǒ xiǎng gǎi huàn fà xíng
   워 시앙 가이 환 파 싱

■ 머리모양이 마음에 드는군요.
   你 给 我 做 的 发 型 我 喜 欢 。
   Nǐ gěi wǒ zuò de fà xíng wǒ xǐ huān
   니 게이 워 쭤 더 파 싱 워 시 후안

- 어떻게 잘라드릴까요?

  你想怎么剪头发啊？

  Nǐ xiǎng zěn me jiǎn tóu fà a

  니 시앙 전 머 지앤 토우 파 아

- 그냥 다듬어 주세요.

  只是修剪修剪吧。

  Zhǐ shì xiū jiǎn xiū jiǎn ba

  즈 쓰 씨우 지앤 씨우 지앤 바

- 머리를 짧게 자르고 싶어요.

  我要剪得短一点。

  Wǒ yào jiǎn de duǎn yì diǎn

  워 야오 지앤 더 두안 이 디앤

- 머리를 염색하고 싶어요.

  我要染发。

  Wǒ yào rǎn fà

  워 야오 란 파

- 파마를 해주세요.

  我要烫发。

  Wǒ yào tàng fà

  워 야오 탕 파

- 어떤 파마를 원하세요?

  你要烫什么样的发型啊？

  Nǐ yào tàng shén me yàng de fà xíng a

  니 야오 탕 선 머 양 더 파 싱 아

- 매직을 해주세요.

  我要拉直头发。

  Wǒ yào lā zhí tóu fà

  워 야오 라 즈 토우 파

표현문형

지금 집을 볼 수 있습니까? 现在可以看房子吗?
Xiàn zài kě yǐ kàn fáng zi ma

네, 그렇습니다. 是的, 好吧。
Shì de hǎo ba

■ 임대할 집을 찾고 있어요.
我在找要租住的房子。
Wǒ zài zhǎo yào zū zhù de fáng zi
워 짜이 자오 야오 쭈 쭈 더 팡 즈

■ 학교에서 가까운 곳을 원합니다.
我要租离学校近的房子。
Wǒ yào zū lí xué xiào jìn de fáng zi
워 야오 쭈 리 쉬에 씨아오 찐 더 팡 즈

■ 지하철에서 가까운 집이 있나요?
有没有离地铁站近的房子啊?
Yǒu méi yǒu lí dì tiě zhàn jìn de fáng zi a
요우 메이 요우 리 띠 티에 짠 찐 더 팡 즈 아

■ 이 아파트는 방이 몇 개인가요?
这套公寓有几个房间啊?
Zhè tào gōng yù yǒu jǐ gè fáng jiān a
쩌 타오 꽁 위 요우 지 꺼 팡 찌앤 아

■ 지금 집을 볼 수 있습니까?
现在可以看房子吗?
Xiàn zài kě yǐ kàn fáng zi ma
씨앤 짜이 커 이 칸 팡 즈 마

■ 교통은 어떤가요?
交通状况怎么样啊?
Jiāo tōng zhuàng kuàng zěn me yàng a
찌아오 통 쭈앙 쿠앙 전 머 양 아

■ 임대료는 얼마입니까?

租金是多少啊?
Zū jīn shì duō shao a
쭈 찐 쓰 뚜오 사오 아

■ 계약 기간은 얼마입니까?

合同期限是多久啊?
Hé tóng qī xiàn shì duō jiǔ a
허 통 치 씨앤 쓰 뚜오 지우 아

■ 언제 이사 올 수 있을까요?

我什么时候可以搬进来住啊?
Wǒ shén me shí hòu kě yǐ bān jìn lái zhù a
워 선 머 스 호우 커 이 빤 찐 라이 쭈 아

■ 계약하겠어요.

我要签合约。
Wǒ yào qiān hé yuē
워 야오 치앤 허 위에

■ 이 아파트를 임대하겠습니다.

我要租这套公寓。
Wǒ yào zū zhè tào gōng yù
워 야오 쭈 쩌 타오 꽁 위

■ 월세는 어떻게 냅니까?

月租金怎么付啊?
Yuè zū jīn zěn me fù a
위에 쭈 찐 전 머 푸 아

■ 월세는 매월 1일에 내시면 됩니다.

月租金在每个月的一号付就行了。
Yuè zū jīn zài měi gè yuè de yī hào fù jiù xíng le
위에 쭈 찐 짜이 메이 꺼 위에 더 이 하오 푸 찌우 싱 러

표현문형

두 사람 행복하길 빌어요. 祝你们两位幸福。
Zhù nǐ men liǎng wèi xìng fú

대단히 감사합니다. 非常感谢。
Fēi cháng gǎn xiè

■ 결혼 축하합니다.
恭喜你结婚。
Gōng xǐ nǐ jié hūn
꽁 시 니 지에 훈

■ 두 분 행복하길 바랍니다.
祝愿你们两位幸福美满。
Zhù yuàn nǐ men liǎng wèi xìng fú měi mǎn
쭈 위앤 니 먼 리앙 웨이 씽 푸 메이 만

■ 두 사람 행복하길 빌어요.
祝你们两位幸福。
Zhù nǐ men liǎng wèi xìng fú
쭈 니 먼 리앙 웨이 씽 푸

■ 신부가 참 아름다워요.
新娘子真漂亮。
Xīn niáng zi zhēn piào liàng
씬 니앙 즈 쩐 피아오 리앙

■ 당신은 정말 행운아예요.
你真是个幸运儿。
Nǐ zhēn shì gè xìng yùn ér
니 쩐 쓰 꺼 씽 윈 얼

■ 신혼여행은 어디로 간다고 해요?
去哪里度蜜月呀?
Qù nǎ li dù mì yuè ya
취 나아 리 뚜 미 위에 야

- 정말 어울리는 한 쌍이군요.
  真是很相配的一对呀。
  Zhēn shì hěn xiāng pèi de yí duì ya
  쩐 쓰 헌 씨앙 페이 더 이 뚜이 야

- 행복한 커플을 보니까 기분이 좋아요.
  看到这么幸福的一对，我很开心。
  Kàn dào zhè me xìng fú de yí duì wǒ hěn kāi xīn
  칸 따오 쩌 머 씽 푸 더 이 뚜이, 워 헌 카이 씬

- 신랑 신부와는 어떻게 아시는 사이세요?
  你跟新郎新娘是什么关系呀？
  Nǐ gēn xīn láng xīn niáng shì shén me guān xì ya
  니 껀 씬 랑 씬 니앙 쓰 선 머 꾸안 씨 야

- 두 사람과 같은 대학을 다녔어요.
  我跟他们曾经读同一个大学。
  Wǒ gēn tā men céng jīng dú tóng yí ge dà xué
  워 껀 타 먼 청 찡 두 통 이 거 따 쉬에

- 정말 아름다운 결혼식이었어요.
  真是一个很美好的婚礼。
  Zhēn shì yí ge hěn měi hǎo de hūn lǐ
  쩐 쓰 이 거 헌 메이 하오 더 훈 리

- 결혼식에 참석해 주셔서 기뻐요.
  你来参加婚礼我很开心。
  Nǐ lái cān jiā hūn lǐ wǒ hěn kāi xīn
  니 라이 찬 찌아 훈 리 워 헌 카이 씬

- 결혼식에 와주셔서 정말 감사합니다.
  多谢你来参加婚礼。
  Duō xiè nǐ lái cān jiā hūn lǐ
  뚜오 씨에 니 라이 찬 찌아 훈 리

표현문형

진심으로 애도를 표합니다. 表达衷心的哀悼。
Biǎo dá zhōng xīn de āi dào

위로해 주셔서 감사합니다. 谢谢你的安慰。
Xiè xie nǐ de ān wèi

■ 삼가 깊은 조의를 표합니다.
表示我深切的哀悼。
Biǎo shì wǒ shēn qiè de āi dào
비아오 쓰 워 썬 치에 더 아이 따오

■ 정말 안됐습니다. 마음이 아프군요.
很遗憾。我很悲痛。
Hěn yí hàn Wǒ hěn bēi tòng
헌 이 한. 워 헌 뻬이 통

■ 진심으로 애도의 뜻을 표하는 바입니다.
表达衷心的哀悼。
Biǎo dá zhōng xīn de āi dào
비아오 다 쭁 씬 더 아이 따오

■ 힘든 시간이시겠어요.
你一定很难过。
Nǐ yí dìng hěn nán guò
니 이 띵 헌 난 꿔

■ 뭐라고 드릴 말씀이 없습니다.
请节哀顺便吧。
Qǐng jié āi shùn biàn ba
칭 지에 아이 쑨 삐앤 바

■ 우리 모두 가슴 아파하고 있습니다.
我们都很悲痛。
Wǒ men dōu hěn bēi tòng
워 먼 또우 헌 뻬이 통

■ 위로해 주셔서 감사합니다.
谢 谢 你 的 安 慰。
Xiè xie nǐ de ān wèi
씨에 시에 니 더 안 웨이

■ 이렇게 와서 조의를 표해주시니 감사합니다.
谢 谢 你 来 吊 唁。
Xiè xie nǐ lái diào yàn
씨에 시에 니 라이 띠아오 이앤

■ 저는 고인을 잊지 못할 것입니다.
我 永 远 不 会 忘 记 他。
Wǒ yǒng yuǎn bú huì wàng jì tā
워 용 위앤 부 후이 왕 찌 타

■ 고인을 알게 된 것은 영광이었습니다.
认 识 他 是 我 的 荣 幸。
Rèn shi tā shì wǒ de róng xìng
런 스 타 쓰 워 더 롱 씽

■ 고인은 우리 마음속에 영원히 살아 있을 것입니다.
他 将 永 远 活 在 我 们 的 心 中。
Tā jiāng yǒng yuǎn huó zài wǒ men de xīn zhōng
타 찌앙 용 위앤 후오 짜이 워 먼 더 씬 쯍

■ 제가 뭐 도울 일이라도 있을까요?
我 能 帮 你 点 什 么 吗?
Wǒ néng bāng nǐ diǎn shén me ma
워 넝 빵 니 디앤 선 머 마

■ 누군가가 필요하시면 제게 기대세요.
你 如 果 需 要 人 倚 靠, 就 倚 靠 我 吧。
Nǐ rú guǒ xū yào rén yǐ kào jiù yǐ kào wǒ ba
니 루 구오 쒸 야오 런 이 카오, 찌우 이 카오 워 바

77 경찰서에 도움을 청할 때

제 아이가 없어졌어요. 我的孩子不见了。
Wǒ de hái zi bú jiàn le

아이가 어떻게 생겼죠? 孩子长得什么样啊？
Hái zi zhǎng de shén me yàng a

■ 경관님, 제 아이가 없어졌어요.
  警察先生，我的孩子不见了。
  Jǐng chá xiān sheng wǒ de hái zi bú jiàn le
  찡 차 씨앤 성, 워 더 하이 즈 부 찌앤 러

■ 아이를 마지막 본 게 어딥니까?
  你最后看到孩子是在哪里啊？
  Nǐ zuì hòu kàn dào hái zi shì zài nǎ li a
  니 쭈이 호우 칸 따오 하이 즈 쓰 짜이 나아 리 아

■ 지갑을 도난당했어요.
  我的钱包给人偷走了。
  Wǒ de qián bāo gěi rén tōu zǒu le
  워 더 치앤 빠오 게이 런 토우 조우 러

■ 응급상황이에요!
  这是紧急情况！
  Zhè shì jǐn jí qíng kuàng
  쩌 쓰 진 지 칭 쾅

■ 교통사고를 신고하려고 해요.
  我要将这个交通事故报警。
  Wǒ yào jiāng zhè ge jiāo tōng shì gù bào jǐng
  워 야오 찌앙 쩌 거 찌아오 통 쓰 꾸 빠오 징

■ 화재 신고를 하려고 해요.
  我要报火灾。
  Wǒ yào bào huǒ zāi
  워 야오 빠오 후오 짜이

■ 다친 사람이 있어요.
有 人 受 伤 了。
Yǒu rén shòu shāng le
요우 런 쏘우 쌍 러

■ 제 친구 머리에서 피가 나요.
我 朋 友 的 头 上 流 血 了。
Wǒ péng yǒu de tóu shàng liú xiě le
워 펑 요우 더 토우 쌍 리우 시에 러

■ 제가 충돌사고를 당했습니다.
我 被 车 给 撞 了。
Wǒ bèi chē gěi zhuàng le
워 뻬이 처 게이 쭈앙 러

■ 교통사고를 당했어요.
我 出 车 祸 了。
Wǒ chū chē huò le
워 추 처 후오 러

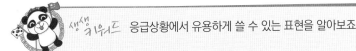

생생 키워드 응급상황에서 유용하게 쓸 수 있는 표현을 알아보죠.

사고　**事故** [shì gù] 쓰 꾸　　　도난　**被盗** [bèi dào] 뻬이 따오
경찰　**警察** [jǐng chá] 징 차
경찰서　**警察署** [jǐng chá shǔ] 징 차 수
파출소　**派出所** [pài chū suǒ] 파이 추 수오
경찰에 신고하다　**报警** [bào jǐng] 빠오 징
분실증명서　**遗失证明书** [yí shī zhèng míng shū] 이 쓰 쩡 밍 쑤
교통사고　**交通事故** [jiāo tōng shì gù] 찌아오 통 쓰 꾸
인명사고　**人身事故** [rén shēn shì gù] 런 썬 쓰 꾸

Overseas Travel Chinese

해외여행을 하고 돌아온 사람들을 만나면 여행지에서 말이 잘 안 통해서 손짓발짓 다 섞어가며 보디랭귀지를 하느라 진땀을 흘렸다는 에피소드를 쉽게 들을 수 있습니다. 하지만 아무리 손짓발짓 다한다 해도 통하지 않는 상황이 있게 마련입니다. 이 장에서는 중국여행을 시작하면서 공항에서 출입국수속을 할 때, 호텔이나 관광지에서 부딪치는 문제 등 중국여행에 필요한 다양한 상황별 표현들을 담았습니다.

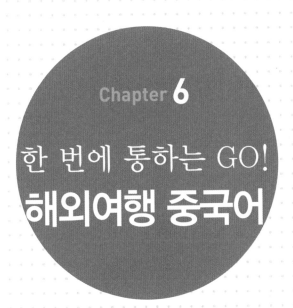

Chapter **6**

한 번에 통하는 GO!
해외여행 중국어

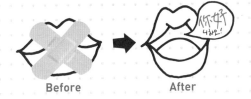

Before → After

78 출국할 때

짐이 중량이 초과됐네요. **行李超重了。**
Xíng li chāo zhòng le

제 여행용 가방만 부칠 거예요. **我只托运行李箱。**
Wǒ zhǐ tuō yùn xíng li xiāng

■ 비행기표와 여권을 보여주세요.
请出示飞机票和护照。
Qǐng chū shì fēi jī piào hé hù zhào
칭 추 쓰 페이 찌 피아오 허 후 짜오

■ 창가 쪽 좌석을 주세요.
给我靠窗户的位子。
Gěi wǒ kào chuāng hu de wèi zi
게이 워 카오 추앙 후 더 웨이 즈

■ 이것을 기내에 가지고 들어갈 수 있나요?
这个可以拿到飞机上去吗？
Zhè ge kě yǐ ná dào fēi jī shàng qù ma
쩌 거 커 이 나 따오 페이 찌 쌍 취 마

■ 저울에 짐을 올려주세요.
请把行李放到秤上去。
Qǐng bǎ xíng li fàng dào chèng shàng qù
칭 바 싱 리 팡 따오 청 쌍 취

■ 짐이 중량이 초과됐네요.
行李超重了。
Xíng li chāo zhòng le
싱 리 차오 쫑 러

■ 1번 게이트를 알려주시겠어요?
请问，一号登机口在哪儿？
Qǐng wèn　yī hào dēng jī kǒu zài nǎr
칭 원, 이 하오 쩡 찌 코우 짜이 나알

■ 비행기가 얼마나 지연될까요?
　飞 机 误 点 多 长 时 间 啊 ?
　Fēi jī wù diǎn duō cháng shí jiān a
　페이 찌 우 디앤 뚜오 창 스 찌앤 아

■ 환전소는 어디에 있나요?
　请 问, 换 钱 的 窗 口 在 哪 儿 ?
　Qǐng wèn huàn qián de chuāng kǒu zài nǎr
　칭 원, 환 치앤 더 추앙 코우 짜이 나알

■ 어디서 비행기를 갈아탑니까?
　在 哪 儿 转 机 ?
　Zài nǎr zhuǎn jī
　짜이 나알 주안 찌

■ 갈아탈 항공편 확인은 어디에서 하나요?
　在 哪 儿 确 认 转 机 的 航 班 啊 ?
　Zài nǎr què rèn zhuǎn jī de háng bān a
　짜이 나알 취에 런 주안 찌 더 항 빤 아

생생 키워드 　항공권 관련 표현을 알아보죠.

국제선　国际线 [guó jì xiàn] 구오 찌 씨앤
항공편 번호　航班号 [háng bān hào] 항 빤 하오
항공권　飞机票 [fēi jī piào] 페이 찌 피아오
일등석　头等舱 [tóu děng cāng] 토우 덩 창
일반석　普通舱 [pǔ tōng cāng] 푸 통 창
편도　单程 [dān chéng] 딴 청　　왕복　往返 [wǎng fǎn] 왕 판
예약　预订 [yù dìng] 위 띵　　확인　确认 [què rèn] 취에 런
변경　变更 [biàn gēng] 삐앤 껑　　취소　取消 [qǔ xiāo] 취 씨아오

표현문형

신고할 것이 있으신가요? 有要申报的吗？
Yǒu yào shēn bào de ma

아니요. 不是。
Bú shì

■ 방문 목적은 무엇인가요?
您来的目的是什么？
Nín lái de mù dì shì shén me
닌 라이 더 무 띠 쓰 선 머

■ 관광하러 왔어요.
我是来观光的。
Wǒ shì lái guān guāng de
워 쓰 라이 꾸안 꾸앙 더

■ 사업차 왔습니다.
我是出差来的。
Wǒ shì chū chā lái de
워 쓰 추 차 라이 더

■ 이곳 방문이 처음이신가요?
你是第一次来这里吗？
Nǐ shì dì yī cì lái zhè lǐ ma
니 쓰 띠 이 츠 라이 쩌 리 마

■ 이곳에 얼마나 머무실 예정인가요?
你打算再这里停留多久？
Nǐ dǎ suan zài zhè lǐ tíng liú duō jiǔ
니 다 수안 짜이 쩌 리 팅 리우 뚜오 지우

■ 최종 목적지는 어디인가요?
最终目的地是哪里啊？
Zuì zhōng mù dì dì shì nǎ li a
쭈이 쫑 무 띠 띠 쓰 나아 리 아

■ 어디에서 머무실 거예요?
你打算住在哪里？
Nǐ dǎ suan zhù zài nǎ li
니 다 수안 쭈 짜이 나아 리

■ 돌아가실 비행기표는 있나요?

有返程机票吗?
Yǒu fǎn chéng jī piào ma
요우 판 청 찌 피아오 마

■ 신고할 것이 있으신가요?

有要申报的吗?
Yǒu yào shēn bào de ma
요우 야오 썬 빠오 더 마

■ 아니요, 이건 제 개인적인 용품이에요.

不是,这是我自己用的物品。
Bú shì zhè shì wǒ zì jǐ yòng de wù pǐn
부 쓰, 쩌 쓰 워 쯔 지 용 더 우 핀

생생 키워드 입국&세관신고와 관련된 표현을 알아보죠.

국제공항 国际机场 [guó jì jī chǎng] 구오 찌 찌 창

공항대합실 候机室 [hòu jī shì] 호우 찌 쓰

입국신고서 入境申请表 [rù jìng shēn qǐng biǎo] 루 찡 썬 칭 비아오

통과여객 经过的旅客 [jīng guò de lǚ kè] 찡 꿔 더 뤼 커

수화물인환증 行李牌 [xíng li pái] 싱 리 파이

여행객 旅客 [lǚ kè] 뤼 커 　　　수하물 行李 [xíng li] 싱 리

검역 检疫 [jiǎn yì] 지앤 이 　　　선물 礼物 [lǐ wù] 리 우

면세 免税 [miǎn shuì] 미앤 쑤이 　　　관세 关税 [guān shuì] 꾸안 쑤이

세관직원 海关人员 [hǎi guān rén yuán] 하이 꾸안 런 위앤

개인용품 个人用品 [gè rén yòng pǐn] 꺼 런 용 핀

반입금지 禁止进口 [jìn zhǐ jìn kǒu] 찐 즈 찐 코우

입구 入口 [rù kǒu] 루 코우 　　　출구 出口 [chū kǒu] 추 코우

표현문형

제 짐을 찾을 수 없어요. 我找不到行李了。
Wǒ zhǎo bú dào xíng li le

어떤 종류의 가방입니까? 是什么样的包啊？
Shì shén me yàng de bāo a

■ 수화물 찾는 곳은 어디인가요?
在哪里取行李啊？
Zài nǎ li qǔ xíng li a
짜이 나아 리 취 싱 리 아

■ 짐이 아직 나오지 않았어요.
行李还没出来呢。
Xíng li hái méi chū lái ne
싱 리 하이 메이 추 라이 너

■ 제 여행 가방이 망가져 있어요.
我的旅行包坏了。
Wǒ de lǚ xíng bāo huài le
워 더 뤼 싱 빠오 화이 러

■ 어떤 종류의 가방입니까?
是什么样的包啊？
Shì shén me yàng de bāo a
쓰 선 머 양 더 빠오 아

■ 가방을 저울 위에 올려놓아 주십시오.
请把包放到秤上。
Qǐng bǎ bāo fàng dào chèng shàng
칭 바 빠오 팡 따오 청 쌍

■ 초과수화물비는 얼마인가요?
超重的行李要交多少税啊？
Chāo zhòng de xíng li yào jiāo duō shao shuì a
차오 쫑 더 싱 리 야오 찌아오 뚜오 사오 쑤이 아

■ 제 짐을 찾을 수 없어요.
我 找 不 到 行 李 了 。
Wǒ zhǎo bú dào xíng li le
워 자오 부 따오 싱 리 러

■ 어디에서도 제 짐을 찾을 수 없네요.
我 的 行 李 怎 么 找 也 没 有 。
Wǒ de xíng li zěn me zhǎo yě méi yǒu
워 더 싱 리 전 머 자오 이에 메이 요우

■ 수화물표를 보여주십시오.
请 给 我 看 看 行 李 牌 儿 。
Qǐng gěi wǒ kàn kan xíng li páir
칭 게이 워 칸 칸 싱 리 팔

■ 이게 제 수화물표예요.
这 是 我 的 行 李 牌 儿 。
Zhè shì wǒ de xíng li páir
쩌 쓰 워 더 싱 리 팔

■ 분실물 신고소는 어디인가요?
请 问 , 报 失 的 地 方 在 哪 儿 啊 ？
Qǐng wèn bào shī de dì fāng zài nǎr a
칭 원, 빠오 쓰 더 띠 팡 짜이 나알 아

■ 제 짐을 찾게 도와주시겠어요?
请 帮 我 找 找 我 的 行 李 好 吗 ？
Qǐng bāng wǒ zhǎo zhao wǒ de xíng li hǎo ma
칭 빵 워 자오 자오 워 더 싱 리 하오 마

■ 당신의 가방은 다음 비행기로 올 것 같습니다.
您 的 包 可 能 在 下 一 班 飞 机 到 。
Nín de bāo kě néng zài xià yì bān fēi jī dào
닌 더 빠오 커 넝 짜이 씨아 이 빤 페이 찌 따오

식사는 어떤 걸로 하시겠어요? 您要什么用餐?
Nín yào shén me yòng cān

생선 요리로 주세요. 请给我鱼饭。
Qǐng gěi wǒ yú fàn

■ 자리를 옮겨주실 수 있나요?
请问, 可以换一下位子吗?
Qǐng wèn kě yǐ huàn yí xià wèi zi ma
칭 원, 커 이 환 이 씨아 웨이 즈 마

■ 베개와 담요를 주세요.
请给我枕头跟毯子。
Qǐng gěi wǒ zhěn tóu gēn tǎn zi
칭 게이 워 전 토우 껀 탄 즈

■ 한국어 잡지가 있나요?
有韩文杂志吗?
Yǒu Hán wén zá zhì ma
요우 한 원 자 쯔 마

■ 이 헤드폰은 어떻게 사용하나요?
这个耳机怎么使用啊?
Zhè ge ěr jī zěn me shǐ yòng a
쩌 거 얼 찌 전 머 스 용 아

■ 음료수 좀 주세요.
请给我杯饮料。
Qǐng gěi wǒ bēi yǐn liào
칭 게이 워 뻬이 인 리아오

■ 한잔 더 주세요.
请再给我一杯。
Qǐng zài gěi wǒ yì bēi
칭 짜이 게이 워 이 뻬이

■ 고기는 안 먹어요. 생선 요리로 주세요.

我 不 吃 肉 。 请 给 我 鱼 饭 。
Wǒ bù chī ròu　Qǐng gěi wǒ yú fàn
워 뿌 츠 로우. 칭 게이 워 위 판

■ 멀미가 약간 나네요. 멀미약 좀 주세요.

我 有 点 儿 晕 机 。 请 给 我 晕 机 药 。
Wǒ yǒu diǎnr yūn jī　Qǐng gěi wǒ yūn jī yào
워 요우 디알 윈 찌. 칭 게이 워 윈 찌 야오

■ 차가운 물 한잔 주세요.

请 给 我 一 杯 冰 凉 水 。
Qǐng gěi wǒ yì bēi bīng liáng shuǐ
칭 게이 워 이 뻬이 삥 리앙 수이

■ 토할 것 같아요. 위생봉투가 어디 있나요?

我 想 吐 。 哪 儿 有 卫 生 袋 啊 ?
Wǒ xiǎng tù　Nǎr yǒu wèi shēng dài a
워 시앙 투. 나알 요우 웨이 썽 따이 아

생생키워드 기내에서 유용한 표현을 알아보죠.

여승무원　空中小姐 [kōng zhōng xiǎo jiě] 콩 쭁 시아오 지에
좌석번호　座位号 [zuò wèi hào] 쭤 웨이 하오
기내식　航空食品 [háng kōng shí pǐn] 항 콩 스 핀
위생봉투　清洁袋 [qīng jié dài] 칭 지에 따이
산소마스크　氧气面具 [yǎng qì miàn jù] 양 치 미앤 쮜
기내선반　行李架 [xíng li jià] 싱 리 찌아
안전벨트　安全带 [ān quán dài] 안 취앤 따이
화장실　卫生间 [wèi shēng jiān] 웨이 썽 찌앤

표현문형

체크인 부탁합니다. 我要登记住宿。
Wǒ yào dēng jì zhù sù

숙박카드를 작성해 주세요. 请填写住宿卡。
Qǐng tián xiě zhù sù kǎ

■ 방이 있나요? 예약을 못했어요.
请 问, 有 房 间 吗? 我 没 有 预 订。
Qǐng wèn yǒu fáng jiān ma Wǒ méi yǒu yù dìng
칭 원, 요우 팡 찌앤 마? 워 메이 요우 위 띵

■ 전망이 좋은 방을 원해요.
我 要 视 野 好 的 房 间。
Wǒ yào shì yě hǎo de fáng jiān
워 야오 스 이에 하오 더 팡 찌앤

■ 방을 보여주시겠어요?
能 给 我 看 看 房 间 吗?
Néng gěi wǒ kàn kan fáng jiān ma
넝 게이 워 칸 칸 팡 찌앤 마

■ 체크인 부탁합니다.
我 要 登 记 住 宿。
Wǒ yào dēng jì zhù sù
워 야오 떵 찌 쭈 쑤

■ 이수진이라는 이름으로 예약했어요.
是 用 李 秀 真 的 名 字 预 订 的。
Shì yòng Lǐ xiù zhēn de míng zi yù dìng de
쓰 용 리 씨우 쩐 더 밍 즈 위 띵 더

■ 여기 방 열쇠를 받으세요.
这 是 您 的 房 间 钥 匙。
Zhè shì nín de fáng jiān yào shi
쩌 쓰 닌 더 팡 찌앤 야오 스

■ 지금 체크아웃 하겠어요.

我 现 在 要 退 房 。
Wǒ xiàn zài yào tuì fáng
워 씨앤 짜이 야오 투이 팡

■ 비자카드로 지불하겠어요.

我 要 用 VISA 卡 结 算 。
Wǒ yào yòng VISA kǎ jié suàn
워 야오 용 비자 카 지에 쑤안

■ 여행자수표도 되나요?

可 以 使 用 旅 行 支 票 吗 ?
Kě yǐ shǐ yòng lǚ xíng zhī piào ma
커 이 스 용 뤼 싱 쯔 피아오 마

■ 이 요금은 무엇 때문에 청구가 됐나요?

这 个 费 用 是 什 么 呀 ?
Zhè ge fèi yòng shì shén me ya
쩌 거 페이 용 쓰 선 머 야

■ 룸서비스 계산서가 제 것이 아니에요.

客 房 服 务 清 单 不 是 我 的 。
Kè fáng fú wù qīng dān bú shì wǒ de
커 팡 푸 우 칭 딴 부 쓰 워 더

■ 제 짐은 내려왔나요?

我 的 行 李 拿 下 来 了 吗 ?
Wǒ de xíng li ná xià lái le ma
워 더 싱 리 나 씨아 라이 러 마

■ 제 짐을 오늘밤까지 맡길 수 있을까요?

我 的 行 李 可 不 可 以 存 放 到 今 晚 ?
Wǒ de xíng li kě bù kě yǐ cún fàng dào jīn wǎn
워 더 싱 리 커 뿌 커 이 춘 팡 따오 찐 완

표현문형

욕실에 문제가 생겼어요. 浴室出问题了。
Yù shì chū wèn tí le

곧 사람을 보내겠습니다. 马上派人上去。
Mǎ shàng pài rén shàng qù

■ 사람 좀 올려 보내주세요.
请派个人上来。
Qǐng pài gè rén shàng lái
칭 파이 꺼 런 쌍 라이

■ 욕실에 문제가 생겼어요. 물이 빠지지 않는군요.
浴室出问题了。水下不去。
Yù shì chū wèn tí le   Shuǐ xià bú qù
위 쓰 추 원 티 러. 수이 씨아 부 취

■ 화장실이 고장 났어요.
卫生间出故障了。
Wèi shēng jiān chū gù zhàng le
웨이 성 찌앤 추 꾸 짱 러

■ 이 냉방장치는 어떻게 조절해요?
这个冷气怎么调啊？
Zhè ge lěng qì zěn me tiáo a
쩌 거 렁 치 전 머 티아오 아

■ 이걸 어떻게 사용하는지 모르겠군요.
这个我不知道怎么用。
Zhè ge wǒ bù zhī dào zěn me yòng
쩌 거 워 뿌 쯔 따오 전 머 용

■ 더운물이 나오지 않는군요.
热水不出来。
Rè shuǐ bù chū lái
러 수이 뿌 추 라이

■ 곧 사람을 보내겠습니다.
马上派人上去。
Mǎ shàng pài rén shàng qù
마 쌍 파이 런 쌍 취

■ 도난 신고를 하려고 합니다.
我要报失。
Wǒ yào bào shī
워 야오 빠오 쓰

■ 방문 좀 열어 주시겠어요?
请给我开房间的门，好吗？
Qǐng gěi wǒ kāi fáng jiān de mén hǎo ma
칭 게이 워 카이 팡 찌앤 더 먼, 하오 마

■ 방 열쇠를 하나 더 얻을 수 있나요?
再给我一把钥匙，好吗？
Zài gěi wǒ yì bǎ yào shi hǎo ma
짜이 게이 워 이 바 야오 스, 하오 마

생생키워드 호텔 관련 표현을 알아보죠.

호텔	饭店 [fàn diàn] 판 띠앤	객실	客房 [kè fáng] 커 팡
프런트 데스크	服务台 [fú wù tái] 푸 우 타이		
엘리베이터	电梯 [diàn tī] 띠앤 티		
싱글룸	单人房 [dān rén fáng] 딴 런 팡		
트윈룸	双人房 [shuāng rén fáng] 쑤앙 런 팡		
비상구	太平门 [tài píng mén] 타이 핑 먼		
욕실	浴室 [yù shì] 위 쓰	수건	毛巾 [máo jīn] 마오 찐
복도	走廊 [zǒu láng] 조우 랑	로비	大厅 [dà tīng] 따 팅

84 서비스 요청할 때

팩스를 보낼 수 있을까요? 可以发传真吗？
Kě yǐ fā chuán zhēn ma

네, 됩니다. 是的，可以。
Shì de kě yǐ

■ 룸서비스를 부탁해요.
我要客房服务。
Wǒ yào kè fáng fú wù
워 야오 커 팡 푸 우

■ 주문한 아침식사가 아직 오지 않아요.
我叫的早餐现在还没到。
Wǒ jiào de zǎo cān xiàn zài hái méi dào
워 찌아오 더 자오 찬 씨앤 짜이 하이 메이 따오

■ 내일 아침 6시에 모닝콜 부탁해요.
明天早晨六点请打电话叫醒我。
Míng tiān zǎo chén liù diǎn qǐng dǎ diàn huà jiào xǐng wǒ
밍 티앤 자오 천 리우 디앤 칭 다 띠앤 화 찌아오 싱 워

■ 세탁 서비스가 있나요?
有洗衣服务吗？
Yǒu xǐ yī fú wù ma
요우 시 이 푸 우 마

■ 귀중품을 보관하고 싶어요.
我要存放贵重物品。
Wǒ yào cún fàng guì zhòng wù pǐn
워 야오 춘 팡 꾸이 쫑 우 핀

■ 제게 남겨진 메모는 없나요?
有没有给我的留言？
Yǒu méi yǒu gěi wǒ de liú yán
요우 메이 요우 게이 워 더 리우 이앤

■ 수신자부담 전화가 가능한가요?

可以打对方付款的电话吗?
Kě yǐ dǎ duì fāng fù kuǎn de diàn huà ma
커 이 다 뚜이 팡 푸 쿠안 더 띠앤 화 마

■ 호텔에 카지노가 있나요?

饭店里边有赌场吗?
Fàn diàn lǐ biān yǒu dǔ chǎng ma
판 띠앤 리 삐앤 요우 두 창 마

■ 팩스를 보낼 수 있을까요?

可以发传真吗?
Kě yǐ fā chuán zhēn ma
커 이 파 추안 쩐 마

■ 인터넷을 이용하고 싶어요.

我想上网。
Wǒ xiǎng shàng wǎng
워 시앙 쌍 왕

■ 비즈니스센터에 가면 이용하실 수 있어요.

您去商业中心可以使用。
Nín qù shāng yè zhōng xīn kě yǐ shǐ yòng
닌 취 쌍 이에 쫑 씬 커 이 스 용

■ 제 앞으로 팩스 들어온 게 있나요?

有没有发给我的传真?
Yǒu méi yǒu fā gěi wǒ de chuán zhēn
요우 메이 요우 파 게이 워 더 추안 쩐

■ 저한테 온 이메일을 확인할 수 있을까요?

我能确认一下发给我的伊妹儿吗?
Wǒ néng què rèn yí xià fā gěi wǒ de yī mèir ma
워 넝 취에 런 이 씨아 파 게이 워 더 이 멜 마

표현문형

자동차를 빌리고 싶어요. 我想租用一辆车。
Wǒ xiǎng zū yòng yí liàng chē

얼마동안 사용하실 겁니까? 你要租用多长时间？
Nǐ yào zū yòng duō cháng shí jiān

■ 공항에 사무실이 있습니까?
你在机场有办公室吗？
Nǐ zài jī chǎng yǒu bàn gōng shì ma
니 짜이 찌 창 요우 빤 꽁 쓰 마

■ 자동차를 빌리고 싶어요.
我想租用一辆车。
Wǒ xiǎng zū yòng yí liàng chē
워 시앙 쭈 용 이 리앙 처

■ 얼마동안 사용하실 겁니까?
你要租用多长时间？
Nǐ yào zū yòng duō cháng shí jiān
니 야오 쭈 용 뚜오 창 스 찌앤

■ 3일 동안 렌트하고 싶은데요.
我要租用三天。
Wǒ yào zū yòng sān tiān
워 야오 쭈 용 싼 티앤

■ 소형차로 빌려주세요.
我要租用小型车。
Wǒ yào zū yòng xiǎo xíng chē
워 야오 쭈 용 시아오 싱 처

■ 오토매틱 차를 원해요.
我要自动驾驶的车。
Wǒ yào zì dòng jià shǐ de chē
워 야오 쯔 똥 찌아 스 더 처

■ 견적서를 좀 보내주세요.
　　请发给我一份估价单。
　　Qǐng fā gěi wǒ yí fèn gū jià dān
　　칭 파 게이 워 이 펀 꾸 찌아 딴

■ 보증금을 내야 하나요?
　　要不要交抵押金？
　　Yào bú yào jiāo dǐ yā jīn
　　야오 부 야오 찌아오 디 야 찐

■ 차를 돌려드릴 때 기름을 넣어야 하나요?
　　还车时要不要给车加油？
　　Huán chē shí yào bú yào gěi chē jiā yóu
　　후안 처 스 야오 부 야오 게이 처 찌아 요우

■ 차를 반환할 때는 기름을 채워주세요.
　　还车时要给车加油。
　　Huán chē shí yào gěi chē jiā yóu
　　후안 처 스 야오 게이 처 찌아 요우

■ 다른 비용은 없나요?
　　有没有其他的费用？
　　Yǒu méi yǒu qí tā de fèi yòng
　　요우 메이 요우 치 타 더 페이 용

■ 차를 어디에 돌려줘야 하나요?
　　我应该把车还到哪里？
　　Wǒ yīng gāi bǎ chē huán dào nǎ li
　　워 잉 까이 바 처 후안 따오 나아 리

■ 공항에 차를 반환하시면 돼요.
　　你把车开到机场就可以了。
　　Nǐ bǎ chē kāi dào jī chǎng jiù kě yǐ le
　　니 바 처 카이 따오 찌 창 찌우 커 이 러

86 여행 안내소 이용할 때

야간 투어를 하고 싶어요. 　我 想 夜 间 旅 行。
　　　　　　　　　　　　Wǒ xiǎng yè jiān lǚ xíng

안 됩니다. 널리 양해 바랍니다. 　不 行。请 多 多 包 涵。
　　　　　　　　　　　　Bù xíng　Qǐng duō duō bāo han

■ 여행 안내소는 어디에 있나요?
　旅 行 咨 询 处 在 哪 儿 啊?
　Lǚ xíng zī xún chù zài nǎr a
　뤼 싱 쯔 쉰 추 짜이 나알 아

■ 여행 안내서를 얻을 수 있을까요?
　我 可 以 拿 到 旅 行 指 南 吗?
　Wǒ kě yǐ ná dào lǚ xíng zhǐ nán ma
　워 커 이 나 따오 뤼 싱 즈 난 마

■ 관광 지도를 주십시오.
　请 给 我 旅 行 地 图。
　Qǐng gěi wǒ lǚ xíng dì tú
　칭 게이 워 뤼 싱 띠 투

■ 이 도시에서 가장 볼 만한 게 뭔가요?
　这 个 城 市 最 可 看 的 地 方 是 哪 里 啊?
　Zhè ge chéng shì zuì kě kàn de dì fang shì nǎ li a
　쩌 거 청 쓰 쭈이 커 칸 더 띠 팡 쓰 나아 리 아

■ 구경할 만한 곳을 알려주시겠어요?
　请 告 诉 我 值 得 去 看 的 地 方, 好 吗?
　Qǐng gào sù wǒ zhí de qù kàn de dì fang　hǎo ma
　칭 까오 쑤 워 즈 더 취 칸 더 띠 팡, 하오 마

■ 어떤 관광이 인기가 있나요?
　什 么 样 的 观 光 更 流 行 啊?
　Shén me yàng de guān guāng gèng liú xíng a
　선 머 양 더 꾸안 꾸앙 껑 리우 싱 아

■ 거기서 볼거리는 어떤 게 있나요?

那里有什么可看的？
Nà li yǒu shén me kě kàn de
나 리 요우 선 머 커 칸 더

■ 어디를 먼저 가야 할까요?

应该先去哪儿啊？
Yīng gāi xiān qù nǎr a
잉 까이 씨앤 취 나알 아

■ 이화원은 꼭 들려보세요.

你一定要去颐和园看看。
Nǐ yí dìng yào qù Yí hé yuán kàn kan
니 이 띵 야오 취 이 허 위앤 칸 칸

■ 야간 투어를 하고 싶어요.

我想夜间旅行。
Wǒ xiǎng yè jiān lǚ xíng
워 시앙 이에 찌앤 뤼 싱

■ 가장 인기 있는 투어가 뭔가요?

最流行的旅行是什么？
Zuì liú xíng de lǚ xíng shì shén me
쭈이 리우 싱 더 뤼 싱 쓰 선 머

■ 여기서 여행 예약을 할 수 있나요?

可以在这里办旅行预订吗？
Kě yǐ zài zhè lǐ bàn lǚ xíng yù dìng ma
커 이 짜이 쩌 리 빤 뤼 싱 위 띵 마

■ 한국어를 하는 가이드가 있나요?

有讲韩文的导游吗？
Yǒu jiǎng Hán wén de dǎo yóu ma
요우 지앙 한 원 더 다오 요우 마

87 관광지에서

공연을 보러 갈 거예요. 我们去看表演。
Wǒ men qù kàn biǎo yǎn

입장료는 얼마인가요? 门票是多少钱？
Mén piào shì duō shao qián

■ 입장료는 얼마인가요?

门票是多少钱？
Mén piào shì duō shao qián
먼 피아오 쓰 뚜오 사오 치앤

■ 오늘밤 좋은 공연이 있나요?

今晚有好看的演出吗？
Jīn wǎn yǒu hǎo kàn de yǎn chū ma
찐 완 요우 하오 칸 더 이앤 추 마

■ 이 옷을 입고 거기 갈 수 있을까요?

穿这件衣服去那儿行吗？
Chuān zhè jiàn yī fu qù nàr xíng ma
추안 쩌 찌앤 이 푸 취 나알 싱 마

■ 유람선 타는 곳은 어디인가요?

坐游船的地方在哪儿？
Zuò yóu chuán de dì fang zài nǎr
쭤 요우 추안 더 띠 팡 짜이 나알

■ 시내 관광버스가 있나요?

有市内观光客车吗？
Yǒu shì nèi guān guāng kè chē ma
요우 쓰 네이 꾸안 꾸앙 커 처 마

■ 이 지도에서 제가 어디쯤 있는지 알려주시겠어요?

我现在在这个地图上的什么地方？
Wǒ xiàn zài zài zhè ge dì tú shàng de shén me dì fang
워 씨앤 짜이 짜이 쩌 거 띠 투 쌍 더 선 머 띠 팡

■ 이 근처에 있는 좋은 식당을 추천해 주시겠어요?
请您介绍一下这个附近好的餐厅行吗?
Qǐng nín jiè shào yí xià zhè ge fù jìn hǎo de cān tīng xíng ma
칭 닌 찌에 싸오 이 씨아 쩌 거 푸 찐 하오 더 찬 팅 싱 마

■ 이 근처에 디스코텍이 있나요?
这儿附近有迪斯科舞厅吗?
Zhèr fù jìn yǒu dí sī kē wǔ tīng ma
쩔 푸 찐 요우 디 쓰 커 우 팅 마

■ 택시 좀 불러주시겠어요?
请帮我叫辆出租车, 好吗?
Qǐng bāng wǒ jiào liàng chū zū chē hǎo ma
칭 빵 워 찌아오 리앙 추 쭈 처, 하오 마

■ 이 근처에 화장실이 있나요?
这儿附近有厕所吗?
Zhèr fù jìn yǒu cè suǒ ma
쩔 푸 찐 요우 처 수오 마

생생 키워드 중국에서 즐길 수 있는 오락 관련 표현을 알아보죠.

관광	观光 [guān guāng] 꾸안 꾸앙	축제	节日 [jié rì] 지에 르
예매	预购 [yù gòu] 위 꼬우	입장권	门票 [mén piào] 먼 피아오
경극	京剧 [jīng jù] 찡 쮜	유람선	游船 [yóu chuán] 요우 추안
나이트클럽	夜总会 [yè zǒng huì] 이에 종 후이		
디스코 클럽	蹦迪 [bèng dí] 뻥 디		
카드놀이 하다	打扑克 [dǎ pū kè] 다 푸 커		
애창곡(18번)	拿手歌 [ná shǒu gē] 나 소우 꺼		
골프	高尔夫球 [gāo ěr fū qiú] 까오 얼 푸 치우		

표현문형

함께 사진 찍으실래요? 一起照张相好吗?
Yì qǐ zhào zhāng xiàng hǎo ma

고맙지만, 사양할게요. 谢谢, 不用了。
Xiè xie bú yòng le

■ 사진 좀 찍어주시겠어요?
麻烦您给照张相行吗?
Má fán nín gěi zhào zhāng xiàng xíng ma
마 판 닌 게이 짜오 짱 씨앙 싱 마

■ 저희들 사진 좀 찍어주시겠어요?
请您给我们照张相好吗?
Qǐng nín gěi wǒ men zhào zhāng xiàng hǎo ma
칭 닌 게이 워 먼 짜오 짱 씨앙 하오 마

■ 동방명주 탑을 배경으로 사진을 찍어주세요.
请把东方明珠塔也一起拍下来。
Qǐng bǎ Dōng fāng míng zhū tǎ yě yì qǐ pāi xià lái
칭 바 똥 팡 밍 쭈 타 이에 이 치 파이 씨아 라이

■ 준비됐어요, 찍으세요.
我们都准备好了, 照吧。
Wǒ men dōu zhǔn bèi hǎo le zhào ba
워 먼 또우 준 뻬이 하오 러, 짜오 바

■ 이 버튼을 누르시면 돼요.
按这个钮就行了。
Àn zhè ge niǔ jiù xíng le
안 쩌 거 니우 찌우 싱 러

■ 사람들이 지나갈 때까지 기다려요.
等人过去以后再拍吧。
Děng rén guò qù yǐ hòu zài pāi ba
덩 런 꿔 취 이 호우 짜이 파이 바

■ 여기서 사진 찍어도 되나요?

可以在这个地方拍照吗?

Kě yǐ zài zhè ge dì fang pāi zhào ma

커 이 짜이 쩌 거 팡 파이 짜오 마

■ 함께 사진 찍으실래요?

一起照张相好吗?

Yì qǐ zhào zhāng xiàng hǎo ma

이 치 짜오 짱 씨앙 하오 마

■ 당신 사진을 찍어도 될까요?

给你照张相好吗?

Gěi nǐ zhào zhāng xiàng hǎo ma

게이 니 짜오 짱 씨앙 하오 마

■ 당신 사진을 보내드릴게요.

我给你寄去照片。

wǒ gěi nǐ jì qù zhào piān

워 게이 니 찌 취 짜오 피앤

생생 키워드 여행지에서 유용한 표현을 알아보죠.

| 지도 | 地图 [dì tú] 띠 투 | 시내 | 市内 [shì nèi] 쓰 네이 |

연중행사 年中活动 [nián zhōng huó dòng] 니앤 쭝 후오 똥

특별행사 特别活动 [tè bié huó dòng] 터 비에 후오 똥

명승고적 名胜古迹 [míng shèng gǔ jì] 밍 썽 구 찌

박물관 博物馆 [bó wù guǎn] 보 우 구안

관람료 参观费 [cān guān fèi] 찬 꾸안 페이

디지털 카메라 数码相机 [shù mǎ xiàng jī] 쑤 마 씨앙 찌

촬영금지 禁止摄影 [jìn zhǐ shè yǐng] 찐즈 써 잉

어디에서 오셨어요? 你 从 哪 儿 来 ?
Nǐ cóng nǎr lái

한국에서 왔어요. 我 从 韩 国 来 。
Wǒ cóng Hán guó lái

- 어디에서 오셨어요?
  你 从 哪 儿 来 ?
  Nǐ cóng nǎr lái
  니 총 나알 라이

- 전 한국에서 왔어요. 당신은요?
  我 从 韩 国 来 。 您 呢 ?
  Wǒ cóng Hán guó lái Nín ne
  워 총 한 구오 라이. 닌 너

- 저는 오늘 아침에 여기 도착했어요.
  我 是 今 天 早 晨 到 这 里 的 。
  Wǒ shì jīn tiān zǎo chén dào zhè lǐ de
  워 쓰 진 티앤 자오 천 따오 쩌 리 더

- 혼자 여행하세요?
  你 是 一 个 人 旅 行 吗 ?
  Nǐ shì yí ge rén lǚ xíng ma
  니 쓰 이 거 런 뤼 싱 마

- 저는 혼자 여행하는 것을 좋아해요.
  我 喜 欢 一 个 人 旅 行 。
  Wǒ xǐ huān yí ge rén lǚ xíng
  워 시 후안 이 거 런 뤼 싱

- 제가 안내를 해드릴까요?
  我 给 你 当 导 游 , 好 吗 ?
  Wǒ gěi nǐ dāng dǎo yóu hǎo ma
  워 게이 니 땅 다오 요우, 하오 마

■ 안녕하세요, 같이 앉아도 될까요?
　　你好，一起坐好吗？
　　Nǐ hǎo　yì qǐ zuò hǎo ma
　　니 하오, 이 치 쭤 하오 마

■ 우리 자리에서 함께 드시겠어요?
　　跟我们合桌一起吃，好吗？
　　Gēn wǒ men hé zhuō yì qǐ chī　hǎo ma
　　껀 워 먼 허 쭈오 이 치 츠, 하오 마

■ 같이 한 시간이 정말 좋았어요.
　　跟大家在一起很开心。
　　Gēn dà jiā zài yì qǐ hěn kāi xīn
　　껀 따 찌아 짜이 이 치 헌 카이 씬

■ 우리 나이트 가서 춤춰요.
　　我们去夜总会跳舞吧。
　　Wǒ men qù yè zǒng huì tiào wǔ ba
　　워 먼 취 이에 종 후이 티아오 우 바

■ 친구 좋다는 게 뭐겠어요?
　　谁让我们是朋友呢？
　　Shéi ràng wǒ men shì péng yǒu ne
　　쉐이 랑 워 먼 쓰 펑 요우 너

■ 즐거운 여행되세요!
　　祝你旅行愉快！
　　Zhù nǐ　lǚ xíng yú kuài
　　쭈 니 뤼 싱 위 콰이

■ 한국에 오시면 연락주세요.
　　来韩国跟我联络。
　　Lái Hán guó gēn wǒ lián luò
　　라이 한 구오 껀 워 리앤 뤄

분실이나 도난을 당했을 때

표현문형

곧바로 재발행이 되나요? 补办能马上，好吗？
Bǔ bàn néng mǎ shàng hǎo ma

아니요, 그렇지 않아요. 不，不是。
Bù bú shì

■ 분실물은 어디에 물어봐야 해요?
丢失物品应该去哪儿问？
Diū shī wù pǐn yīng gāi qù nǎr wèn
띠우 쓰 우 핀 잉 까이 취 나알 원

■ 분실물센터는 어디에 있나요?
失物认领处在哪儿？
Shī wù rèn lǐng chù zài nǎr
쓰 우 런 링 추 짜이 나알

■ 여권을 잃어버렸어요.
我的护照不见了。
Wǒ de hù zhào bú jiàn le
워 더 후 짜오 부 찌앤 러

■ 신용카드를 잃어버렸어요.
我把信用卡给丢了。
Wǒ bǎ xìn yòng kǎ gěi diū le
워 바 씬 용 카 게이 띠우 러

■ 누군가에게 소매치기를 당했어요.
我被人给偷了。
Wǒ bèi rén gěi tōu le
워 뻬이 런 게이 토우 러

■ 택시에 짐을 놓고 내렸어요.
我把行李丢在出租车上了。
Wǒ bǎ xíng li diū zài chū zū chē shàng le
워 바 싱 리 띠우 짜이 추 쭈 처 쌍 러

■ 여기서 제 가방 못 보셨나요?
你在这里看到我的包了吗?
Nǐ zài zhè lǐ kàn dào wǒ de bāo le ma
니 짜이 쩌 리 칸 따오 워 더 빠오 러 마

■ 어디서 분실했는지 모르겠어요.
我不知道是在哪儿丢的。
Wǒ bù zhī dào shì zài nǎr diū de
워 뿌 쯔 따오 쓰 짜이 나알 띠우 더

■ 분실증명서를 만들고 싶어요.
我想办个丢失证明。
Wǒ xiǎng bàn gè diū shī zhèng míng
워 시앙 빤 꺼 띠우 쓰 쩡 밍

■ 티켓을 재발행해 주세요.
请补张票。
Qǐng bǔ zhāng piào
칭 부 짱 피아오

■ 곧바로 재발행이 되나요?
补办能马上,好吗?
Bǔ bàn néng mǎ shàng hǎo ma
부 빤 넝 마 쌍, 하오 마

■ 여권을 재발급 받으러 왔어요.
我来补办护照。
Wǒ lái bǔ bàn hù zhào
워 라이 부 빤 후 짜오

■ 가능한 한 빨리 저에게 알려주세요.
请尽量快点告诉我。
Qǐng jìn liàng kuài diǎn gào su wǒ
칭 찐 리앙 콰이 디앤 까오 수 워

몸이 아플 때나 곤란한 상황에서

표현문형

의사를 불러주세요. 请 帮 我 叫 医生。
Qǐng bāng wǒ jiào yī shēng

제가 도와 드릴게요. 我 来 帮 你。
Wǒ lái bāng nǐ

■ 병원에 어떻게 가나요?
怎 么 去 医 院 啊?
Zěn me qù yī yuàn a
전 머 취 이 위앤 아

■ 저를 병원으로 좀 데려다 주시겠어요?
麻 烦 你 带 我 去 医 院, 好 吗?
Má fán nǐ dài wǒ qù yī yuàn hǎo ma
마 판 니 따이 워 취 이 위앤, 하오 마

■ 의사를 불러주세요.
请 帮 我 叫 医 生。
Qǐng bāng wǒ jiào yī shēng
칭 빵 워 찌아오 이 썽

■ 구급차를 불러주세요.
请 帮 我 叫 救 护 车。
Qǐng bāng wǒ jiào jiù hù chē
칭 빵 워 찌아오 찌우 후 처

■ 제가 여행을 계속해도 될까요?
我 可 以 继 续 旅 行 吗?
Wǒ kě yǐ jì xù lǚ xíng ma
워 커 이 찌 쒸 뤼 싱 마

■ 저는 중국어를 잘하지 못해요.
我 汉 语 说 得 不 太 好。
Wǒ Hàn yǔ shuō de bú tài hǎo
워 한 위 쑤오 더 부 타이 하오

■ 한국어 하실 수 있는 분이 계십니까?
有会讲韩国语的人吗？
Yǒu huì jiǎng Hán guó yǔ de rén ma
요우 후이 지앙 한 구오 위 더 런 마

■ 한국대사관에 연락해 주세요.
请给韩国大使馆打电话。
Qǐng gěi Hán guó dà shǐ guǎn dǎ diàn huà
칭 게이 한 구오 따 스 구안 다 띠앤 화

■ 저를 도와주십시오.
麻烦你帮一下忙。
Má fan nǐ bāng yí xià máng
마 판 니 빵 이 씨아 망

■ 버스를 잘못 탔어요.
我坐错了公共汽车。
Wǒ zuò cuò le gōng gòng qì chē
워 쭤 춰 러 꽁 꽁 치 처

■ 서울행 비행기를 놓쳤어요.
我错过了开往首尔的飞机。
Wǒ cuò guò le kāi wǎng Shǒu ěr de fēi jī
워 춰 꾸오 러 카이 왕 소우 얼 더 페이 찌

■ 저는 이 사고와 관련이 없어요.
我跟这个事故没有关系。
Wǒ gēn zhè ge shì gù méi yǒu guān xì
워 껀 쩌 거 쓰 꾸 메이 요우 꾸안 씨

■ 어디에 한국대사관이 있나요?
请问，韩国大使馆在哪儿？
Qǐng wèn Hán guó dà shǐ guǎn zài nǎr
칭 원, 한 구오 따 스 구안 짜이 나알

Chapter **7**

Leisure&
Entertainment Chinese

사회생활을 하다보면 스트레스도 심하고 힘들고 짜증날 때가 많죠.
그래서 여가와 취미생활을 즐기는 기쁨이 더욱 크게 느껴집니다. 친
구들과 공연장을 찾고, 표를 사고, 자리에 앉아서 막이 오르기를
기다릴 때, 경기장에서 응원하는 팀의 짜릿한 홈런에 환호하는
때만큼 행복한 순간도 없을 겁니다. 이 장에서는 주말에 TV
를 보거나 영화나 공연을 감상할 때, 헬스클럽에서 건
강을 챙길 때, 스포츠나 레저를 즐길 때 등 여가
생활에서 유용하게 쓸 수 있는 표현
을 담았습니다.

신나게 즐기자!
레저&엔터테인먼트
중국어

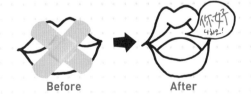

Before → After

표현문형

저는 여행을 좋아해요. 我 喜 欢 旅 行 。
Wǒ xǐ huān lǚ xíng

저는 영화광이에요. 我 是 个 电 影 迷 。
Wǒ shì gè diàn yǐng mí

■ 취미가 뭐예요?

你 的 爱 好 是 什 么 啊 ?
Nǐ de ài hào shì shén me a
니 더 아이 하오 쓰 선 머 아

■ 저는 여행을 좋아해요.

我 喜 欢 旅 行 。
Wǒ xǐ huān lǚ xíng
워 시 후안 뤼 싱

■ 저는 사진 찍는 것에 많은 관심이 있어요.

我 对 摄 影 很 感 兴 趣 。
Wǒ duì shè yǐng hěn gǎn xìng qù
워 뚜이 써 잉 헌 간 씽 취

■ 저는 영화광이에요.

我 是 个 电 影 迷 。
Wǒ shì gè diàn yǐng mí
워 쓰 꺼 띠앤 잉 미

■ 우표 수집은 마음을 편안하게 해주는 취미죠.

集 邮 使 人 心 情 平 静 。
Jí yóu shǐ rén xīn qíng píng jìng
지 요우 스 런 씬 칭 핑 찡

■ 특별히 좋아하는 게 있나요?

你 有 特 别 喜 欢 的 吗 ?
Nǐ yǒu tè bié xǐ huān de ma
니 요우 터 비에 시 후안 더 마

■ 음악 감상이 유일한 즐거움이에요.
听音乐是我唯一的乐趣。
Tīng yīn yuè shì wǒ wéi yī de lè qù
팅 인 위에 쓰 워 웨이 이 더 러 취

■ 저는 록 음악에 빠졌어요.
我迷上了摇滚音乐。
Wǒ mí shàng le yáo gǔn yīn yuè
워 미 쌍 러 야오 군 인 위에

■ 여가시간에 뭐하고 보내세요?
你没事的时候一般做什么？
Nǐ méi shì de shí hòu yì bān zuò shén me
니 메이 쓰 더 스 호우 이 빤 쭤 선 머

■ 여가시간에 독서하는 게 좋아요.
我在闲暇时间喜欢看书。
Wǒ zài xián xiá shí jiān xǐ huān kàn shū
워 짜이 시앤 시아 스 찌앤 시 후안 칸 쑤

■ 최근에 조깅을 시작했어요.
我最近开始跑步了。
Wǒ zuì jìn kāi shǐ pǎo bù le
워 쭈이 찐 카이 스 파오 뿌 러

■ 저는 등산에 푹 빠졌어요.
我迷上了爬山。
Wǒ mí shàng le pá shān
워 미 쌍 러 파 싼

■ 저는 십 년 넘게 골프를 치고 있어요.
我打高尔夫球十年了。
Wǒ dǎ gāo ěr fū qiú shí nián le
워 다 까오 얼 푸 치우 스 니앤 러

TV나 DVD 볼 때

9번 채널로 돌려보세요. 你看九频道吧。
Nǐ kàn jiǔ pín dào ba

이건 재방송이에요. 这是重播。
Zhè shì chóng bō

■ TV에서 오늘 재미있는 것 좀 해요?

今天电视有好看的节目吗？
Jīn tiān diàn shì yǒu hǎo kàn de jié mù ma
찐 티앤 띠앤 쓰 요우 하오 칸 더 지에 무 마

■ 오늘밤 TV에서 뭐해요?

今晚电视里播什么？
Jīn wǎn diàn shì lǐ bō shén me
찐 완 띠앤 쓰 리 뽀 선 머

■ 9번 채널로 돌려보세요.

你看九频道吧。
Nǐ kàn jiǔ pín dào ba
니 칸 지우 핀 따오 바

■ 엄마가 좋아하는 드라마 해요.

正在播放妈妈爱看的电视剧呢。
Zhèng zài bō fàng mā ma ài kàn de diàn shì jù ne
쩡 짜이 뽀 팡 마 마 아이 칸 더 띠앤 쓰 쮜 너

■ 이건 재방송이에요.

这是重播。
Zhè shì chóng bō
쩌 쓰 총 뽀

■ 저는 그 배역이 싫어요.

我不喜欢那个角色。
Wǒ bù xǐ huān nà ge jué sè
워 뿌 시 후안 나 거 쥐에 써

■ 저는 텔레비전 퀴즈 프로를 보면 너무 재미있어요.

  我 爱 看 小 问 答 类 的 节 目 。
  Wǒ ài kàn xiǎo wèn dá lèi de jié mù
  워 아이 칸 시아오 원 다 레이 더 지에 무

■ 이 시트콤 정말 재미없어요.

  这 个 室 内 剧 真 没 意 思 。
  Zhè ge shì nèi jù zhēn méi yì si
  쩌 거 쓰 네이 쮜 쩐 메이 이 스

■ 저는 이 영화에 나오는 주연배우가 좋아요.

  我 喜 欢 这 部 电 影 里 的 主 角 。
  Wǒ xǐ huān zhè bù diàn yǐng lǐ de zhǔ jué
  워 시 후안 쩌 뿌 띠앤 잉 리 더 주 쥐에

생생 키워드 가정에서 사용하는 전자제품 관련 표현을 알아보죠.

텔레비전 电视 [diàn shì] 띠앤 쓰

MP3 플레이어 MP3 [MPsān] 엠피 싼

영화 DVD 电影碟 [diàn yǐng dié] 띠앤 잉 디에

이어폰 耳机 [ěr jī] 얼 찌

시디롬 光盘 [guāng pán] 꾸앙 판

초고속 통신망 宽带网 [kuān dài wǎng] 쿠안 따이 왕

전화 电话 [diàn huà] 띠앤 화

핸드폰 手机 [shǒu jī] 소우 찌

에어컨 空调 [kōng diào] 콩 띠아오

냉장고 电冰箱 [diàn bīng xiāng] 띠앤 삥 씨앙

프린터기 打印机 [dǎ yìn jī] 다 인 찌

티켓예약과 공연 문의

로얄석으로 주세요. 请给我贵宾座。
Qǐng gěi wǒ guì bīn zuò

표가 매진되었어요. 票卖完了。
Piào mài wán le

■ 매표소가 어디인가요?
卖票处在哪儿啊？
Mài piào chù zài nǎr a
마이 피아오 추 짜이 나얼 아

■ 오늘 밤 좌석을 예약하고 싶어요.
我要预定今晚的座位。
Wǒ yào yù dìng jīn wǎn de zuò wèi
워 야오 위 띵 찐 완 더 쭤 웨이

■ 오늘 밤 공연표가 남아 있나요?
今晚的演出票还有吗？
Jīn wǎn de yǎn chū piào hái yǒu ma
찐 완 더 이앤 추 피아오 하이 요우 마

■ 표가 매진되었어요.
票卖完了。
Piào mài wán le
피아오 마이 완 러

■ 마지막 공연이 언제인가요?
最后的演出是在什么时候啊？
Zuì hòu de yǎn chū shì zài shén me shí hòu a
쭈이 호우 더 이앤 추 쓰 짜이 선 머 스 호우 아

■ 내일 좌석을 예약할 수 있나요?
能预定明天的座位吗？
Néng yù dìng míng tiān de zuò wèi ma
넝 위 띵 밍 티앤 더 쭤 웨이 마

■ 입장료는 얼마인가요?
  门 票 是 多 少 钱 啊 ?
  Mén piào shì duō shao qián a
  먼 피아오 쓰 뚜오 샤오 치앤 아

■ 학생 요금 할인이 되나요?
  学 生 票 给 减 价 吗 ?
  Xué shēng piào gěi jiǎn jià ma
  쉬에 성 피아오 게이 지앤 찌아 마

■ 어떤 좌석을 원하세요?
  你 要 什 么 样 的 座 位 啊 ?
  Nǐ yào shén me yàng de zuò wèi a
  니 야오 선 머 양 더 쭤 웨이 아

■ 로얄석으로 주세요.
  请 给 我 贵 宾 座 。
  Qǐng gěi wǒ guì bīn zuò
  칭 게이 워 꾸이 삔 쭤

■ 가장 싼 좌석으로 2장 주세요.
  请 给 我 两 张 最 便 宜 的 座 位 。
  Qǐng gěi wǒ liǎng zhāng zuì pián yi de zuò wèi
  칭 게이 워 리앙 쌍 쭈이 피앤 이 더 쭤 웨이

■ 공연은 몇 시에 시작하나요?
  演 出 什 么 时 候 开 始 啊 ?
  Yǎn chū shén me shí hòu kāi shǐ a
  이앤 추 선 머 스 호우 카이 스 아

■ 공연 팸플릿을 판매하나요?
  卖 演 出 小 册 子 吗 ?
  Mài yǎn chū xiǎo cè zi ma
  마이 이앤 추 시아오 처 즈 마

표현문형

경극 공연이 너무 멋졌어요. 京剧真是太棒了。
Jīng jù zhēn shì tài bàng le

그럴 줄 알았어요. 我就知道会那样。
Wǒ jiù zhī dào huì nà yàng

■ 요즘 극장에서는 뭐가 공연 중인가요?
最近剧场都在上演什么啊？
Zuì jìn jù chǎng dōu zài shàng yǎn shén me a
쭈이 찐 쮜 창 또우 짜이 쌍 이앤 선 머 아

■ 어디서 경극을 볼 수 있나요?
请问，在哪里能看到京剧啊？
Qǐng wèn, zài nǎ li néng kàn dào jīng jù a
칭 원, 짜이 나아 리 넝 칸 따오 찡 쮜 아

■ 경극표는 어디서 살 수 있나요?
请问，在哪里能买到京剧票啊？
Qǐng wèn, zài nǎ li néng mǎi dào jīng jù piào a
칭 원, 짜이 나아 리 넝 마이 따오 찡 쮜 피아오 아

■ 다음 경극 공연은 몇 시부터인가요?
下场京剧是在几点啊？
Xià chǎng jīng jù shì zài jǐ diǎn a
씨아 창 찡 쮜 쓰 짜이 지 디앤 아

■ 안에서 사진 찍어도 되나요?
可以在里边照相吗？
Kě yǐ zài lǐ biān zhào xiàng ma
커 이 짜이 리 삐앤 짜오 씨앙 마

■ 경극 공연이 너무 멋졌어요.
京剧真是太棒了。
Jīng jù zhēn shì tài bàng le
찡 쮜 쩐 쓰 타이 빵 러

■ 출연진은 누구누구인가요?

　　演员都有谁啊?
　　Yǎn yuán dōu yǒu shéi a
　　이앤 위앤 또우 요우 쉐이 아

■ 휴식시간은 얼마동안인가요?

　　休息多长时间啊?
　　Xiū xi duō cháng shí jiān a
　　씨우 시 뚜오 창 스 찌앤 아

■ 그 오페라는 모두 아주 훌륭했어요.

　　那些歌剧都非常好。
　　Nà xiē gē jù dōu fēi cháng hǎo
　　나 씨에 꺼 쮜 또우 페이 창 하오

■ 오페라는 이해하기가 어려워요.

　　歌剧很难看明白。
　　Gē jù hěn nán kàn míng bai
　　꺼 쮜 헌 난 칸 밍 바이

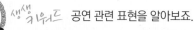

생생 키워드　공연 관련 표현을 알아보죠.

예술　艺术 [yì shú] 이 수　　　　극장　剧场 [jù chǎng] 쮜 창
경극　京剧 [jīng jù] 찡 쮜　　　　오페라　歌剧 [gē jù] 꺼 쮜
리허설, 리허설을 하다　排演 [pái yǎn] 파이 이앤
감상하다, 즐기다　欣赏 [xīn shǎng] 씬 상
흥미를 느끼다　感兴趣 [gǎn xìng qù] 간 씽 취
스타　明星 [míng xīng] 밍 씽
인기가 있다　红 [hóng] 홍
앙코르(encore)　返场 [fǎn chǎng] 판 창

영화 볼 때

중국영화 좋아하세요? 你喜欢中国电影吗?
Nǐ xǐ huān Zhōng guó diàn yǐng ma

저는 액션 영화를 좋아해요. 我爱看武打片。
Wǒ ài kàn wǔ dǎ piàn

■ 최근에 좋은 영화를 본 거 있어요?
最近你看过好电影吗?
Zuì jìn nǐ kàn guò hǎo diàn yǐng ma
쭈이 찐 니 칸 꿔 하오 띠앤 잉 마

■ 어떤 영화를 즐겨보세요?
你爱看什么样的电影啊?
Nǐ ài kàn shén me yàng de diàn yǐng a
니 아이 칸 선 머 양 더 띠앤 잉 아

■ 저는 액션 영화를 좋아해요.
我爱看武打片。
Wǒ ài kàn wǔ dǎ piàn
워 아이 칸 우 다 피앤

■ 어느 배우를 가장 좋아하세요?
你最喜欢哪个演员?
Nǐ zuì xǐ huān nǎ ge yǎn yuán
니 쭈이 시 후안 나아 거 이앤 위앤

■ 그 영화는 몇 시에 상영하나요?
那部电影几点上映?
Nà bù diàn yǐng jǐ diǎn shàng yìng
나 뿌 띠앤 잉 지 디앤 쌍 잉

■ 그 영화의 주인공은 누구인가요?
那部电影的主角是谁啊?
Nà bù diàn yǐng de zhǔ jué shì shéi a
나 뿌 띠앤 잉 더 주 쥐에 쓰 쉐이 아

- 저랑 자리 좀 바꿔주시겠어요?
  请 跟 我 换 一 下 位 子, 好 吗?
  Qǐng gēn wǒ huàn yí xià wèi zi hǎo ma
  칭 껀 워 환 이 씨아 웨이 즈, 하오 마

- 우리 팝콘 먹을까요?
  我 们 吃 玉 米 花 好 不 好 啊?
  Wǒ men chī yù mǐ huā hǎo bù hǎo a
  워 먼 츠 위 미 후아 하오 뿌 하오 아

- 영화가 정말 감동적이에요.
  那 部 电 影 真 感 人。
  Nà bù diàn yǐng zhēn gǎn rén
  나 뿌 띠앤 잉 쩐 간 런

- 그 영화는 지루했어요.
  那 部 电 影 很 没 有 意 思。
  Nà bù diàn yǐng hěn méi yǒu yì si
  나 뿌 띠앤 잉 헌 메이 요우 이 스

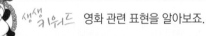 영화 관련 표현을 알아보죠.

각본, 시나리오   **剧本** [jù běn] 쮜 번
감독   **导演** [dǎo yǎn] 다오 이앤
배우   **演员** [yǎn yuán] 이앤 위앤
주연   **主角** [zhǔ jué] 주 쮀에   조연   **配角** [pèi jué] 페이 쮀에
관객   **观众** [guān zhòng] 꾸안 쭝
액션물, 쿵푸영화   **武打片** [wǔ dǎ piàn] 우 다 피앤
중국영화   **中国电影** [zhōng guó diàn yǐng] 쭝 구오 띠앤 잉
비디오 CD   **影碟** [yǐng dié] 잉 디에

17 음악 감상&전시회

표현문형

추상화 좋아하세요? 你喜欢抽象画儿吗？
Nǐ xǐ huān chōu xiàng huàr ma

아뇨, 이해하기가 어려워요. 不，很难看明白。
Bù hěn nán kàn míng bai

■ 어떤 음악을 좋아하세요?
你喜欢什么样的音乐啊？
Nǐ xǐ huān shén me yàng de yīn yuè a
니 시 후안 선 머 양 더 인 위에 아

■ 저는 재즈를 좋아해요.
我喜欢爵士音乐。
Wǒ xǐ huān jué shì yīn yuè
워 시 후안 쥐에 쓰 인 위에

■ 가장 좋아하는 음악가는 누구예요?
你最喜欢的音乐家是谁啊？
Nǐ zuì xǐ huān de yīn yuè jiā shì shéi a
니 쮀이 시 후안 더 인 위에 찌아 쓰 쉐이 아

■ 그 콘서트는 정말 멋졌어요.
那个音乐会非常棒。
Nà ge yīn yuè huì fēi cháng bàng
나 거 인 위에 후이 페이 창 빵

■ 미술전시회에 가실래요?
你去不去看画展？
Nǐ qù bú qù kàn huà zhǎn
니 취 부 취 칸 화 잔

■ 추상화 좋아하세요?
你喜欢抽象画儿吗？
Nǐ xǐ huān chōu xiàng huàr ma
니 시 후안 초우 씨앙 후알 마

■ 아뇨, 이해하기가 어려워요.

不，很 难 看 明 白 。
Bù hěn nán kàn míng bai
뿌, 헌 난 칸 밍 바이

■ 좋아하는 화가는 누구예요?

你 喜 欢 的 画 家 是 谁 ？
Nǐ xǐ huān de huà jiā shì shéi
니 시 후안 더 화 찌아 쓰 쉐이

■ 이 작품은 누가 그린 거예요?

这 个 作 品 是 谁 画 的 呀 ？
Zhè ge zuò pǐn shì shéi huà de ya
쩌 거 쭤 핀 쓰 쉐이 화 더 야

■ 정말 훌륭한 작품이군요.

真 是 个 很 不 错 的 作 品 啊 。
Zhēn shì gè hěn bú cuò de zuò pǐn a
쩐 쓰 꺼 헌 부 춰 더 쭤 핀 아

생생 키워드 음악&미술 관련 표현을 알아보죠.

무대　舞台 [wǔ tái] 우 타이　　　연주　演奏 [yǎn zòu] 이앤 쪼우

악보　乐谱 [yuè pǔ] 위에 푸　　　리듬　节奏 [jié zòu] 지에 쪼우

록(rock)음악, 로큰롤　摇滚乐 [yáo gǔn yuè] 야오 군 위에

클래식 음악　古典音乐 [gǔ diǎn yīn yuè] 구 디앤 인 위에

미술관　美术馆 [měi shù guǎn] 메이 쑤 구안

전시회, 전람회　展览会 [zhǎn lǎn huì] 잔 란 후이

그리다　绘 [huì] 후이　　　회화, 그림　绘画 [huì huà] 후이 화

사진　照片 [zhào piàn] 짜오 피앤　　　길작　杰作 [jié zuò] 지에 쭤

헬스클럽에서

표현문형

살을 좀 빼야겠어요. 我应该减肥了。
Wǒ yīng gāi jiǎn féi le

너무 무리하지 마세요. 不要做得太剧烈了。
Bú yào zuò de tài jù liè le

■ 상당히 근육질이군요.
你真是肌肉发达呀。
Nǐ zhēn shì jī ròu fā dá ya
니 쩐 쓰 찌 로우 파 다 야

■ 체격이 참 좋으시네요.
你体格真不错啊。
Nǐ tǐ gé zhēn bú cuò a
니 티 거 쩐 부 춰 아

■ 매일 운동을 해서 그래요.
因为我每天坚持做运动。
Yīn wèi wǒ měi tiān jiān chí zuò yùn dòng
인 웨이 워 메이 티앤 찌앤 츠 쮜 윈 똥

■ 그동안 헬스를 열심히 하셨나 봐요.
他一定是坚持练身了。
Tā yí dìng shì jiān chí liàn shēn le
타 이 띵 쓰 찌앤 츠 리앤 썬 러

■ 저는 살을 좀 빼야겠어요.
我应该减肥了。
Wǒ yīng gāi jiǎn féi le
워 잉 까이 지앤 페이 러

■ 저는 몸매를 좀 가꾸려고 해요.
我要练身。
Wǒ yào liàn shēn
워 야오 리앤 썬

■ 당신은 몸에 신경 좀 써야겠어요.

你 应 该 注 意 身 体 了。

Nǐ yīng gāi zhù yì shēn tǐ le

니 잉 까이 쭈 이 썬 티 러

■ 운동하기 전에 준비운동 하는 거 잊지 마세요.

运 动 前 请 不 要 忘 记 先 舒 展 一 下 全 身。

Yùn dòng qián qǐng bú yào wàng jì xiān shū zhǎn yí xià quán shēn

윈 똥 치앤 칭 뿌 야오 왕 찌 씨앤 쑤 잔 이 씨아 취앤 썬

■ 저는 이두박근 운동 중이에요.

我 在 做 两 臂 伸 展 运 动。

Wǒ zài zuò liǎng bì shēn zhǎn yùn dòng

워 짜이 쭤 리앙 삐 썬 잔 윈 똥

■ 저는 가슴운동에 집중하고 있어요.

我 正 在 专 心 做 健 胸 运 动 呢。

Wǒ zhèng zài zhuān xīn zuò jiàn xiōng yùn dòng ne

워 쩡 짜이 쭈안 씬 쭤 찌앤 씨옹 윈 똥 너

■ 어떤 근력운동을 더 해야 합니까?

我 还 应 该 做 什 么 样 的 健 肌 运 动 啊?

Wǒ hái yīng gāi zuò shén me yàng de jiàn jī yùn dòng a

워 하이 잉 까이 쭤 선 머 양 더 찌앤 찌 윈 똥 아

■ 이 역기를 몇 번이나 들어야 하나요?

这 个 杠 铃 应 该 举 几 次 啊?

Zhè ge gàng líng yīng gāi jǔ jǐ cì a

쩌 거 깡 링 잉 까이 쥐 지 츠 아

■ 너무 무리하지 마세요.

不 要 做 得 太 剧 烈 了。

Bú yào zuò de tài jù liè le

부 야오 쭤 더 타이 쮜 리에 러

스포츠&레저 즐길 때

스키는 얼마나 탔어요? 你滑雪有多久了？
Nǐ huá xuě yǒu duō jiǔ le

겨울마다 타러 가요. 我每年冬天都去滑雪。
Wǒ měi nián dōng tiān dōu qù huá xuě

■ 수영 잘하세요?
你游泳游得好吗？
Nǐ yóu yǒng yóu de hǎo ma
니 요우 용 요우 더 하오 마

■ 저는 지금 접영을 연습 중이에요.
我目前正在练习蝶泳。
Wǒ mù qián zhèng zài liàn xí dié yǒng
워 무 치앤 쩡 짜이 리앤 시 디에 용

■ 스키는 얼마나 탔어요?
你滑雪有多久了？
Nǐ huá xuě yǒu duō jiǔ le
니 후아 쉬에 요우 뚜오 지우 러

■ 저는 겨울마다 스키를 타러 가요.
我每年冬天都去滑雪。
Wǒ měi nián dōng tiān dōu qù huá xuě
워 메이 니앤 똥 티앤 또우 취 후아 쉬에

■ 골프장 사용료는 얼마인가요?
高尔夫球场地的使用费是多少啊？
Gāo ěr fū qiú chǎng dì de shǐ yòng fèi shì duō shao a
까오 얼 푸 치우 창 띠 더 스 용 페이 쓰 뚜오 사오 아

■ 다음 주말에 골프 치러 가시겠어요?
下个周末你去不去打高尔夫球啊？
Xià ge zhōu mò nǐ qù bú qù dǎ gāo ěr fū qiú a
씨아 거 쪼우 모 니 취 부 취 다 까오 얼 푸 치우 아

■ 당구 한 게임 할래요?

想不想打场台球啊？

Xiǎng bù xiǎng dǎ chǎng tái qiú a

시앙 뿌 시앙 다 창 타이 치우 아

■ 손목에 힘을 빼야 해요.

请放松你的手腕。

Qǐng fàng sōng nǐ de shǒu wàn

칭 팡 쏭 니 더 소우 완

■ 스쿠버다이빙 하는 장소가 있어요?

有跳水的地点吗？

Yǒu tiào shuǐ de dì diǎn ma

요우 티아오 수이 더 띠 디앤 마

■ 내년 겨울에는 스노보드를 타볼 거예요.

明年我打算滑雪橇。

Míng nián wǒ dǎ suàn huá xuě qiāo

밍 니앤 워 다 쑤안 후아 쉬에 치아오

생생 키워드 스포츠&레저 관련 표현을 알아보죠.

축구	足球 [zú qiú] 주 치우	야구	棒球 [bàng qiú] 빵 치우
마라톤	马拉松 [mǎ lā sōng] 마 라 쏭	조깅하다	跑步 [pǎo bù] 파오 뿌
배구	排球 [pái qiú] 파이 치우	농구	篮球 [lán qiú] 란 치우
테니스	网球 [wǎng qiú] 왕 치우	당구	台球 [tái qiú] 타이 치우
체조	体操 [tǐ cāo] 티 차오	수영	游泳 [yóu yǒng] 요우 용
스키	滑雪 [huá xuě] 후아 쉬에	승마	骑马 [qí mǎ] 치 마
배드민턴	羽毛球 [yǔ máo qiú] 위 마오 치우		
탁구	乒乓球 [pīng pāng qiú] 핑 팡 치우		

경기 관람할 때

표현문형

게임은 몇 시에 시작해요? 比赛几点开始啊？
Bǐ sài jǐ diǎn kāi shǐ a

6시에 시작해요. 六点开始。
Liù diǎn kāi shǐ

■ 이곳에서 스포츠 경기가 있나요?
这个地方有没有体育比赛啊？
Zhè ge dì fang yǒu méi yǒu tǐ yù bǐ sài a
쩌 거 띠 팡 요우 메이 요우 티 위 비 싸이 아

■ 오늘 시합이 있나요?
今天有比赛吗？
Jīn tiān yǒu bǐ sài ma
찐 티앤 요우 비 싸이 마

■ 어떤 팀의 경기가 열리나요?
有哪个队的比赛啊？
Yǒu nǎ ge duì de bǐ sài a
요우 나아 거 뚜이 더 비 싸이 아

■ 게임은 몇 시에 시작하나요?
比赛几点开始啊？
Bǐ sài jǐ diǎn kāi shǐ a
비 싸이 지 디앤 카이 스 아

■ 6시에 시작합니다.
六点开始。
Liù diǎn kāi shǐ
리우 디앤 카이 스

■ 어떤 팀을 응원할 거예요?
你为哪个队加油啊？
Nǐ wèi nǎ ge duì jiā yóu a
니 웨이 나아 거 뚜이 찌아 요우 아

■ 저 팀은 수비가 정말 좋아요.
　　那个队守门员很好。
　　Nà ge duì shǒu mén yuán hěn hǎo
　　나 거 뚜이 소우 먼 위앤 헌 하오

■ 막상막하의 게임이군요.
　　这个比赛真是不分胜负啊。
　　Zhè ge bǐ sài zhēn shì bù fēn shèng fù a
　　쩌 거 비 싸이 쩐 쓰 뿌 펀 셩 푸 아

■ 누가 이길 거라고 생각해요?
　　你认为哪个队会赢啊?
　　Nǐ rèn wéi nǎ ge duì huì yíng a
　　니 런 웨이 나아 거 뚜이 후이 잉 아

■ 점수가 더 나지 않으면 연장전으로 들어갈 거예요.
　　如果还是平分，就会加场比赛。
　　Rú guǒ hái shì píng fēn　jiù huì jiā chǎng bǐ sài
　　루 구오 하이 쓰 핑 펀, 찌우 후이 찌아 창 비 싸이

■ 경기가 끝났어요!
　　比赛结束了!
　　Bǐ sài jié shù le
　　비 싸이 지에 쑤 러

■ 우리가 결승전에 진출했어요.
　　我们进入了决赛。
　　Wǒ men jìn rù le jué sài
　　워 먼 찐 루 러 쥐에 싸이

■ 우리 팀이 간신히 이겼어요.
　　我们队好不容易赢了。
　　Wǒ men duì hǎo bù róng yì yíng le
　　워 먼 뚜이 하오 뿌 롱 이 잉 러

백문이 불여일견이다.

百 闻 不 如 一 见 。

Bǎi wén bù rú yí jiàn

바이 원 뿌 루 이 찌앤

공든 탑이 무너지랴.

皇 天 不 负 苦 心 人 。

Huáng tiān bú fù kǔ xīn rén

후앙 티앤 부 푸 쿠 씬 런

하늘이 무너져도 솟아날 구멍이 있다.

天 无 绝 人 之 路 。

Tiān wú jué rén zhī lù

티앤 우 쥐에 런 쯔 루

말 한마디에 천 냥 빚을 갚는다.

一 语 值 千 金 。

Yì yǔ zhí qiān jīn

이 위 즈 치앤 찐

웃는 얼굴에 침 못 뱉는다.

伸 手 不 打 笑 脸 人 。

Shēn shǒu bù dǎ xiào liǎn rén

썬 소우 뿌 다 씨아오 리앤 런

고인물이 썩는다.

积 水 易 腐 。

Jī shuǐ yì fǔ

찌 수이 이 푸

용의 꼬리보다 닭의 머리가 낫다.

龙 尾 不 如 鸡 头 。

Lóng wěi bù rú jī tóu

롱 웨이 뿌 루 찌 토우

구르는 돌에는 이끼가 끼지 않는다.

流水不腐, 户枢不蠹。
Liú shuǐ bù fǔ　hù shū bú dú
리우 수이 뿌 푸, 후 쑤 부 두

개미구멍이 둑을 무너뜨린다.

千里长堤, 溃於蚁穴。
Qiān lǐ cháng dī　kuì yú yǐ xué
치앤 리 창 띠, 쿠이 위 이 쉬에

집안이 화목해야 만사가 잘 된다.

家内和睦万事亨通。
Jiā nèi hé mù wàn shì hēng tōng
찌아 네이 허 무 완 쓰 헝 통

젊어서 고생은 사서도 한다.

少年吃苦花钱买。
Shǎo nián chī kǔ huā qián mǎi
사오 니앤 츠 쿠 후아 치앤 마이

범의 굴에 들어가야 범을 잡는다.

不入虎穴, 焉得虎子。
Bú rù hǔ xué　yān dé hǔ zǐ
부 루 후 쉬에, 이앤 더 후 즈

천리 길도 한걸음부터다.

千里之行, 始於足下。
Qiān lǐ zhī xíng　shǐ yú zú xià
치앤 리 쯔 싱, 스 위 주 씨아

발 없는 말이 천리를 간다.

说话没脚走 千里。
Shuō huà méi jiǎo zǒu qiān lǐ
쑤오 후아 메이 지아오 조우 치앤 리